주식투자자의 시선

주식농부 박영옥의 성공투자법

주식
투자자의 시선

박영옥 지음

프레너미
FRENEMY PUBLISHING

자본시장이 희망이다

삶이란 늘 그렇듯 새로움의 연속이다. 글로벌 금융위기, 유럽 재정위기로 대외적 불확실성이 앞을 가리고 있다. 국내경제는 저성장·저금리 추세로 전환되고, 사회는 고령화, 100세 시대가 다가오고 있다. 기업과 정부는 신성장사업의 발굴과 육성에 온 힘을 기울이고 있고, 개인의 자산 형성과 노후 준비에도 변화가 예상된다.

"자본시장이 우리의 희망"이라는 '주식농부' 박영옥 대표의 외침이 유난히 큰 울림으로 들리는 이유다. 자본시장 활성화는 전환기 국민경제의 선순환 구조 창출을 위한 핵심 동력이며 건전한 투자문화의 확산은 그 출발점이다. 저자는 금융투자업계가 운영하고 있는 전국투자자교육협의회의 자문위원으로, 주식투자와 자본시장에 대한 열정이 남다르다. 누구보다 우리 경제와 기업의 미래를 믿는다.

그는 생활 속의 관심과 치밀한 공부, 현장 탐방과 소통으로 될성부른 기업을 찾는 데 많은 공을 들인다. 기업을 찾은 후에는 주인, 동업자의 자세로 흔들림 없이 투자의 물을 주며 꽃피우고 열매 맺을 때를 기다린다. 그는 시간에 투자한다. 그는 주식투자를 매매의 관점이 아니라 투자의 관점으로 새롭게 보여준다.

주식투자는 적정 수준의 위험을 감수risk-taking하면서 성공과 수익의 기회를 추구하는 적극적인 저축이다. 저성장·저금리 시대에 안전자산 일변도는 정답이 아니다. 이제 건전한 주식투자와 자본시장 활성화는 개인적으로나 국민경제적으로 필수다. 위험 감수 제로의 사회에서 어떻게 신성장 동력의 발굴이나 활기찬 미래의 모습을 기대할 수 있겠는가?

주식농부의 20여 년간의 투자 경험과 성공 사례, 인생 철학을 담은 이 책이 독자를 행복한 투자의 길로 이끌어 주기를 기대한다. 주식투자라는 작은 실천이 개인의 자산 형성뿐 아니라 국민경제에도 기여할 수 있다면 더욱 행복하지 않겠는가? 투자자, 경영자, 금융투자업계 종사자, 정책담당자 모두에게 일독을 권한다.

자본시장이 희망이다.

前 금융투자협회장 박종수

느리고 행복한 투자자로 사는 길

'계란으로 바위를 깰 수 있다.

칼로 물을 벨 수 있다.

콩을 심어도 팥을 수확할 수 있다.'

이런 주장을 할 법한 사람들이 주식시장에 넘쳐난다. 수많은 사람들이 실패했던 방법인데도 자신만은 성공할 수 있다고 아득바득 강짜를 부린다.

주식투자는 농사짓듯이 해야 한다. 농부는 병충해에 강하고 수확량이 많은 품종을 선택하기 위해 발품을 팔고 공부를 한다. 파종을 한 이후에는 늘 논에 나가 작물들과 대화하며 어떻게 성장하고 있는지 파악한다. 이런 노력과 기다림을 견딘 이후에야 달콤한 열매를 맛볼 수 있다. 사람들은 종종 나를 '슈퍼 개미'라고 부르지만 나는 주식농부다. 나는 '슈퍼'하지 않다. 입에 단내가 나도록 공부하고 소통하고 동행한다. 이 길은 노력과 시간이 필요하지만 그만한 보상을 해 준다. 주식농부로 살아왔기에 2001년 이후 연평균 수익률 50퍼센트에 이를 수 있었다.

주식투자로 쉽게 돈 좀 벌어 보겠다고 마음이 달뜬 분, 빨리 주식투자의 비법을 배워서 실전에 써먹어야 하는 분, 그래서 얼른 수백 퍼센트의 수익을 내야 하는 분에게 이 책은 적당하지 않다. 온통 공부하라, 인내하라는 이야기니 무슨 이런 주식 책이 있나 하는 생각이 드실 것이다. 실례를 무릅쓰고 말씀드리자면, '주식 책이 왜 이런가?'라는 생각이 강하게 드시는 분일수록 선배 투자자들이 탔던 전형적인 실패의 열차를 탈 확률이 높다.

주식시장에 들어온 지 20여 년이 되었다. 투자연구소를 시작으로 증권사, 투자자문사 등에서 일했고 10여 년 전부터는 전업 투자자로 살고 있다. 그 사이 외환위기, 9·11 테러, 글로벌 금융위기를 겪었고 지금은 유럽 재정위기로 인한 주식시장의 급등락을 현장에서 경험하고 있는 중이다. 시쳇말로 산전수전 공중전까지 다 겪었다. 이쯤 되면 코스피 지수 차트만 딱 보면 내일의 지수를 예측할 수 있고 기업의 간단한 재무제표만 봐도 투자할 만한 기업인지 알아야 하는데, 아직도 통 모르겠다. 코스피 지수를 예측하는 건 일찌감치 포기했다. 투자가치가 있는 기업인지 알기 위해 자료를 찾아 공부하고 몇 년간의 공시를 꼼꼼하게 확인하고 수차례 기업 탐방도 간다. 그것도 모자라 궁금한 게 있을 때마다 전화로 물어본다. 이런 일을 1~2년은 해야 '이 기업은 투자가치가 있구나' 하면서 본격적인 투자를 시작한다. 그러고서 2~3년을 더 기다린다.

주식시장의 역사에서 코스피 지수를 정확하게 예측한 사람은 없었다. 또한 기업의 간략한 재무제표만 보고 투자가치를 알아보는 사람도 없었다. 그걸 알 수 있다고 생각하고 그 예측에 따라 주식을 사고판 사람 중 주식투자에 성공한 사람은 내가 알기로 한 사람도 없다. 그런데도 이제 주식을 배우기 시작한 분이 과감하게 투자하는 것을 보면 놀랍고 안타깝다. 때로는 답답하고 화가 날 때도 있다.

사실 내내 이런 분들을 생각하면서 이 책을 썼다. 어떻게든 불행으로 가는 급행열차에서 내리게 하고 싶었다.

탐욕을 내려놓고 차분하게 생각해 보면 어떤 방식으로 투자해야 하는지 누구나 알 수 있다. 주가는 기업의 가치에 따라 결정된다. 기업은 생물과도 같아서 짧은 시간에 그 가치가 파악되지 않을뿐더러 끊임없이 변화하는 존재다. 그러니 속속들이 공부하고 지속적으로 소통하지 않으면 기업의 가치를 알 수 없다. 투자란 사업수완이 좋은 사람에게 자금을 대고 그 돈으로 사업을 해 성과를 내면 그것을 나누는 것이다. 성과를 내려면 반드시 일정한 시간이 필요하니 투자라는 말 자체에 이미 시간이라는 요소가 포함되어 있는 것이다. 이런 투자의 본질을 망각하고 주식시장에서 급행열차를 타고 자산증식을 하려던 수많은 사람들이 불행의 급행열차를 탔다.

불행이라는 표현을 쓰는 데는 두 가지 이유가 있다. 첫째는 힘들게 번 돈을 잃어버리기 때문이다. 두 번째 이유는 그 과정에 있다. 자신이 투자한 기업의 실체를 모르니까 투자 기간 내내 불안하다. 좌불안석, 돈도 잃고 마음의 평안도 잃어버린다.

노후 대비, 자녀 교육, 주택융자금 등을 생각하면 마음이 급해진다. 그러나 냉정한 주식시장이 그 마음을 알아줄 리 없다. 시장은 투자자의 사정을 봐주지 않는다. 투자자가 시장의 원리에 맞게 투자를 해야 한다. 그래야 성공적인 투자를 할 수 있다.

우보천리牛步千里라고 했다. 천 리를 가려면 소걸음으로 가야 한다. 소걸음으로 가야 천리를 갈 수 있다. 부디 다급한 마음을 달래시고 해질녘 집으로 돌아가는 소처럼 느긋한 마음을 가지시기를 바란다.

이 책은 주식투자를 좀 한 분들이 읽으면 하품 나올 소리들로 가득 차 있다. 그리고 이제 막 투자를 하려고 공부를 시작하는 분들에게는 참 당연한 소리로 가득 차 있다. 그 당연한 말을 나는 다양한 형태로 반복하고 또 반복할 작정이다. 젊었을 때는 참 시답잖게 들리던 말들이 인생의 어느 순간에는 소름끼치게 다가올 때가 있다. 그리고 그때는 그 말의 참뜻을 몰라 꽤 많은 실수를 한 다음이다. 나는 특별한 방법으로 투자하지 않는다. 지극히 기본적이고 상식적인, 바로 하품이 나고 참 당연한 방식으로 투자해서 오늘에 이르렀다.

　이 책의 목표는 주식투자자들이 공포와 탐욕을 이길 담대함의 원천을 스스로 만들어가도록 하는 데 있다. 시작하는 사람들에게는 길잡이가 되기를, 그리고 이미 시작한 사람들에게는 자신의 투자방식을 돌아보는 계기가 되었으면 한다.

　끝으로 이 책이 나오기까지 많은 얘기를 하면서 모든 자료를 준비해 준 조현찬 전무와 김은수 이사께 심심한 감사를 드린다.

주식농부 박영옥

제2장 황금 같은 투자 기회는 생활 속에 있다

제3장 자본시장이 우리의 희망이다

STOCK

제4장 투자하기 전에 반드시 해야 할 8가지 질문

| 주식투자를 해야 하는 첫 번째 이유 |

부동산시장의 패러다임이 변했다

재미 삼아 혹은 교양을 쌓기 위해 주식투자서를 읽는다는 사람은 일찍이 들어본 적이 없다. 그러니까 지금 이 순간, 이 책을 읽고 있는 분들은 이미 주식투자를 하고 있거나 하려고 마음먹은 분들이다. 그런 분들에게 '주식투자를 해야 하는 이유'를 설명하는 것은 지면 낭비로 여겨질 것이다. 그런데 주식투자를 하는 이유가 아니라 '해야 하는' 이유다. 주식투자를 하는 이유는 두말할 것 없이 돈을 벌기 위해서다. (나는 돈만 벌면 된다는 생각에는 반대한다. 그 이유는 차차 밝힐 것이다.)

반면 주식투자를 해야 하는 이유는 왜 주식투자가 자산의 중식 수단으로 적합한지, 그리고 그로 인해 사회적으로 어떤 긍정적인 효과가 생기는지에 대한 이야기다. 투자를 잘해서 돈만 많이 벌면 되지 그런 게 왜 필요하냐고 물을 수 있다. 그러나 경제 전체의 큰 그림을 보면서 투자하는 것과 단순히 자산증식을 위해 투자하는 것은 다르다. 주식투자는 장기투자를 해야 성공할 수 있고 그러자면 큰 그림을 보는 눈, 큰 흐름을 보는 혜안이 필요하기 때문이다.

주식투자를 해야 하는 첫 번째 이유는 부동산시장, 정확하게는 주택시장의 변화에 있다.

내가 중학교를 졸업하고 서울에 온 때는 1977년이었다. 초등학교를 막 졸업하고 도시로 나가는 친구들이 많았고 변변한 땅 뙈기가 없는 사람은 온 가족이 도시로 이사했다. 서울에서 내가 처음 지냈던 사촌형의 집은 작은 방이 두 개 있었는데 여기서 일곱 식구가 지내고 있었다.

20대 이하의 젊은 사람들에게는 '전설의 고향'에 나올 법한 이야기로 여겨지겠지만 당시에는 집주인의 위세가 대단했다. 드라마에는 공부 못하는 주인집 아들과 공부 잘하는 셋집 아들이라는 설정이 상투적으로 등장하곤 했다. 객지에 나간 아들이 결혼을 한 이후 자기 집을 장만해야 비로소 '자리를 잡았다'며 안도하는 부모들이 많았다. 그러다 보니 집은 '집 없는 설움'을 당하지 않으려면 반드시 소유해야 하는 것이 되었고 경제적으로는 값이 더 오르기 전에 사야 하는 것이 되었다. 이런 기조는 오랫동안 지속되었다.

10년 전만 해도 부동산 특히 주택은 사 두기만 하면 돈을 버는 시장이었다. 가진 돈보다 대출금이 더 많아도 문제가 되지 않았다. 이자를 갚느라 당장 생활이 힘들어도 그만한 보상을 해 주었다. 정부는 과열된 부동산시장을 식히는 정책들을 내놨지만 별 소용이 없었다. 집값은 계속 올랐고 무리를 해서라도 하루빨리 집을 사는 것이 현명한 선택이었다.

그런데 MB 정부에서 상황은 달라졌다. 집값 부양을 위한 다양한 정책들이 쏟아져 나왔다. 참여정부 때와는 판이하게 다른 모습이다. 그럼에도 불구하고 주택시장은 별다른 반응을 보이지 않고 있다.

또 하나 주목할 만한 변화는 전월세시장이다. 월세가 부쩍 늘어난 것은 금리가 낮아졌기 때문이 아니다. 집값이 오를 것이 확실시되던 때는 집값에 육박하는 대출을 받을 수 있었다. 여기에 전세를 주고 대출에 대출을 받으면 집 한 채로 몇 채까지 살 수 있었다. 이 구조가 가능했던 것은 집값이 대출 이자와 리스크를 부담할 만큼 오를 거라는 전망이 있었기 때문이다. 전세를 주고 집을 늘리는 전략이 더 이상 통하지 않게 되었기에 월세가 늘어난 것이다. 주택보급률이 100퍼센트를 넘겼다는 점, 인구가 2020년부터 감소하기 시작할 거라는 점 등의 영향도 있다.

하지만 근본적으로는 집에 대한 가치관이 변화하고 있기 때문이 아닐까 생각한다. 집 없는 설움을 겪었던 세대, 그런 설움을 겪는 부모 밑에서 자란 세대에게 집은 반드시 소유해야 하는 것이었다. 그런데 지금 젊은 사람들은 다르다. 그들은 굳이 집을 소유할 필요를 느끼지 못한다. 주거에 적합하기만 하면 된다. 집값이 지속적으로 오르려면 부모로부터 독립하는 젊은 세대들이 집을 사줘야 하는데 그 동력이 사라진 것이다.

가계부채가 1000조 원을 넘었고 하우스푸어라는 말이 회자되고 있다. 일본의 버블 붕괴보다 더 큰 충격이 올 거라는 말도 들린다. 수많은 가정이 경제적으로 힘들어지고 국가 경제에도 심각한 악영향을 미칠 것이므로 적절한 정책이 필요한 때다. 주택시장이 어떤 방식으로 흘러갈지는 모르지만 과거처럼 상승하지는 않을 거라고 생각한다.

독자께서는 부동산시장의 변화에는 동의하겠는데 그것과 주식투자가 무슨 관계가 있느냐고 묻고 싶으셨을 것이다.

부동산시장과 주식투자를 연결하는 고리는 평균 수명의 증가다. 비교적 건강하게 지내는 기간은 늘어났는데 직장인으로서의 수명은 오히려 줄어들고 있다. 청년 실업자 문제가 너무 커서인지, 아니면 너무 당연한 것이 되어서인지 이제는 '사오정'이라는 말도 쓰지 않는다. 각고의 노력 끝에 60세까지 일을 한다고 해도 이후 20년이라는 시간이 남는다. 외환위기 이전, 어느 정도 정년이 보장될 때를 생각해 보자. 직장인으로서의 수명은 지금보다 길었지만 생물학적인 평균수명은 지금보다 짧았다. 특별한 노후 대책을 세우지 않아도 집만 한 채 보유하고 있으면 노후 대비가 되었다. 그러나 이제 더 이상 주택은 노후 대비가 되지 못한다.

베이비부머 세대(1955~1963년생)의 가구당 평균자산은 3억 3775만 원이라고 한다(2010년 기준, KB금융지주경영연구소). 이 중 부동산이 76.3퍼센트이고 금융자산은 15.9퍼센트에 불과하다. 그러면 이들 세대가 은퇴한 이후에 필요한 노후 대비 자금은 얼마나 될까. 다양한 삶의 형태가 있으므로 딱 잘라 말할 수는 없지만 한 조사에 따르면 최소 3억 6000만 원은 되어야 한단다. 베이비부머 세대 중 최소 노후 대비 자금 이상의 자산을 보유하고 있는 가구는 전체의 24.3퍼센트에 불과하다.

결론은 이렇다. 현재 보유 자산을 통틀어도 노후 자금으로는 부족하다. 거기다 자산의 대부분을 차지하고 있는 부동산 가격마저 더 이상 오르지 않는다. 남은 자금으로 자영업이라도 할 수 있으면 그나마 다행인데 이마저도 녹록치 않다. 2010년 중소기업청의 조사에 따르면 월평균 300만 원 이상의 수익을 올리는 자영업자는 19퍼센트에 지나지 않는다. 그리고 57퍼센트 이상이 월 100만 원 미만이거나 적자를 보고 있다. 일을 못 하는 만큼 보유 자산이 일정하게 늘어나야 하는데 그 대안이 주식투자라는 것이다.

또 하나의 고리는 유동성이다. 활황기든 불황기든 시장에는 늘 투자처를 찾는 자금이 있다. 부동산에서 빠져나온 자금, 부동산 투기에 들어갔을 자금은 어디로 흘러갈까. 내가 보기에 상당 부분 주식시장으로 몰려들 가능성이 높다. 현재 우리나라 기업들의 평균 주가수익비율PER은 9배로 저평가되어 있으므로 이 자금을 받아들일 여력이 충분하다.

　물론 과거에 부동산 투기를 하듯, 묻지도 따지지도 않고 투자를 해서는 안 된다. 주식에 모든 자산을 투자해야 한다고 주장하는 것도 아니다. 신중에 신중을 거듭해야 하고, 공부하고 또 공부해야 하는 것이 주식투자다. 주식투자에서 어떤 신중함이 필요하고 어떤 공부를 해야 하는지는 2장에서부터 말할 예정이다. 이 책만 읽고 주식투자를 해서는 안 된다. 그러나 이 책은 읽고 주식투자를 시작했으면 한다.

산업 구조가 변했다

얼마 전 기업방문을 하러 경남 양산을 다녀왔다. 조금 피곤하긴 해도 하루 만에 모든 일정을 마칠 수 있었다. 자동차, 기차, 비행기 등 현대 교통수단을 이용할 때 가끔 드는 생각이 있다.

'이렇게 빠르고 편리한 세상이 사람에게 좋기만 한 것일까?'

조선시대처럼 걸어가거나 말을 이용했다면 어땠을까. 현대 산업사회가 교통·운송 수단의 발달과 뗄 수 없는 관계인 줄 알면서도 막연한 상상을 해 본다.

서울에 있는 어떤 기업의 직원이 부산으로 출장을 간다. 두어 시간 걸리는 회의라면 그의 업무는 하루에 완료된다. 그런데 걸어서 간다면 가는 데만 족히 보름은 걸리지 않았을까. 이 직원은 부산에 한 번 출장을 다녀오면 한 달 업무가 끝나고 월급을 받는다. 반면, 계속 출장을 가야 하는 현대사회의 직원이라면 줄잡아 20번은 다녀와야 월급을 받는다. 비교해 보면 20명이 '하던 일'을 혼자서 하는 게 된다. 여기서 '하던 일'이라는 것을 직원의 입장이 아니라 기업의 입장에서 생각해 보자. 장기 출장에 드는 비용을 제외하더라도, 동일한 재화를 생산하는 데 직원은 1명만 있으면 된다.

재미삼아 까마득한 과거를 들먹였지만, 굳이 조선시대까지 거슬러 갈 필요는 없다. 불과 몇 년 전으로 거슬러 가더라도 기술의 발달로 인한 업무의 효율성이 크게 높아졌음을 우리는 모두 알고 있다. 네트워크에 연결된 컴퓨터의 '무시무시한 능력'을 우리는 매일 경험하고 있다. 더 편리해졌고, 더 빨라졌다. 여기에 스마트폰까지 가세하면서 책상을 떠나서도 웬만한 업무는 처리할 수 있게 되었다. 이와 같은 변화의 속도가 느려질 거라고 예견하는 사람은 없다. 시간이 갈수록 그 속도는 빨라질 것이고 네트워크에 연결된 컴퓨터의 능력은 더욱 막강해질 것이다.

영화 〈터미네이터〉는 인간이 설계한 인공지능에 막대한 양의 정보가 축적되면서 독자적인 사고를 하게 된 컴퓨터 프로그램이 인류를 공격한다는 내용이다. '인류 공격'이라는 설정은 과도하지만 이미 그 전 단계는 시작되었다. 네트워크에 떠다니는 모든 정보들을 취합해 분석하는 '빅 데이터' 기술이 그것이다. 과도하게 상상해 보자면, 머지않은 미래에 기업전략팀의 팀장 자리에 '빅 데이터'가 앉을지도 모르겠다.

여기까지가 '고용 없는 성장'에 대한 이야기다. 한국은행의 조사에 따르면 우리나라 제조업에서 10억 원의 부가가치를 생산하는 데 필요한 인원이 1990년에는 40명, 2000년대는 10명, 2010년대에는 6명으로 줄었다고 한다. 얼마가 될지 모르지만 2020년대에도 줄어들 것이 분명하다.

우리는 기술의 발전을 크게 두 가지 측면에서 볼 필요가 있다. 한 사람이 생산할 수 있는 부가가치가 커짐으로써 능력 있는 사람과 없는 사람의 빈부격차가 커진다. 실업자 역시 증가한다. 세상에는 특출한 사람보다 보통의 능력을 갖고 있는 사람들이 더 많다. 다수의 사람들이 힘들어진다는 이야긴데 이미 그 현상은 나타났고 지금은 심화되는 과정으로 보인다. 이렇게 보면 기술의 발전은 보통의 능력을 가진 사람들에게는 반가운 소식은 아닌 것 같다. (이와 관련해서는 심도 깊은 논의가 있어야 한다. 실업자가 증가하면 결국 소비 여력이 줄어드므로 기업의 수익도 줄어든다. 이를 해결할 정책이 필요한데 이 책과 내 지식의 범위를 벗어나는 내용이다. 전반적인 흐름을 읽는 데 의미를 두시기 바란다.)

두 번째 측면이 주식투자와 연결되는 부분이다. 기업은 새로운 기술을 도입함으로써 더 많은 수익을 내게 되었다. 몇몇 지표

[표1] 주체별 소득 증가율 추이(평균)		
구분	1975~1997	2000~2010
가계소득 증가율	8.1%	2.3%
기업소득 증가율	8.2%	16.5%
GNI 증가율	8.9%	3.4%
경제 성장률	8.7%	4.6%

[표2] 주체별 소득 구성 연도별 비교		
구분	2000	2010
가계소득	90%	76%
기업소득	10%	24%
국민소득	100%	100%

를 보면 확연하게 드러난다. 다음 [표1]을 보면 1975~1997년까지 가계소득 증가율은 8.1퍼센트였고 기업소득 증가율은 8.2퍼센트였다. 그런데 2000년대에는 가계소득 증가율이 2.3퍼센트인 데 반해 기업은 무려 16.5퍼센트의 증가율을 보였다. [표2]에서는 2000년 국민총소득 중 가계소득이 90퍼센트였으나 2010년에 76퍼센트로 줄어들었다. 10년 사이에 기업소득은 두 배 이상 늘어났다.

앞서 이야기한 바와 같이 이러한 현상의 옳고 그름을 따지는 것은 다른 차원의 문제다. 확실한 사실은 전반적인 기업의 가치가 빠르게 상승하고 있다는 것이다.

기술의 발전에 따라 기업은 동일한 투자 자본으로 더 많은 수익을 거둘 수 있게 되었다. 미래에 기술이 발전할수록 기업의 수익성은 더 좋아질 것이다. 결국 기업의 가치도 상승할 것이다. 주식투자는 기업의 가치를 사고파는 것이다. 이것이 주식투자를 해야 하는 두 번째 이유다.

한국 주식시장의 미래는 밝다

한국의 주식시장은 참으로 취약하다. 미국, 유럽, 중국에서 무슨 일만 생기면 심한 몸살을 앓는다. 세계경제가 실시간으로 영향을 주고받는다는 점, 우리 경제가 대외의존도가 높은 수출 중심의 구조라는 점을 감안해도 그 강도는 센 편이다. 또 외국인들이 우르르 몰려들면 쑥 올라갔다가 팔고 나가면 쭉 떨어진다. 그들이 왜 '바이 코리아'를 외쳤다가 어느 날은 '셀 코리아'를 외치는지 알 길이 없다. 단 몇 개월을 보고 들어오는 자금인지 아니면 장기적인 전망을 좋게 보고 들어오는지도 알 수 없다. 그래서 '외국인 따라하기'라는 기상천외한 방법도 생겨났다. 왜 사는지 알

(원)

2000.00

1500.00

1000.00

500.00

최고가 2,231.47 (2011.04)

최저가 264.78 (1987.01)

1987 1989 1991 1993 1995 1997 1999 2001 2003 2005 2007 2009 2011 (년)

[그림1] 종합주가지수 차트

수는 없지만 그들이 사면 사고 팔면 파는 방식이다. (우리 조상님들은 이런 행태를 일컬어 '거름 지고 장에 간다'라고 하셨다.)

우리 주식시장이 취약하다는 데는 투자자들도 모두 인정한다. 따라서 주식투자를 하는 것은 대단히 불안하고 위험한 짓이라는 생각을 하면서 위의 그림을 보자.

1987년 1월, 새해 첫 거래일의 코스피 지수는 270.75포인트에 시가총액은 12조 원이었다. 외환위기 때는 최저 277포인트까지 떨어지기도 했고 글로벌 금융위기 때는 일시적으로 900포인트가 깨지기도 했다. 그리고 2011년 최대 2231포인트에서 고점

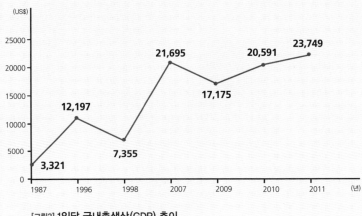

(US$)

25000

20000

15000

10000

5000

0

1987   1996   1998   2007   2009   2010   2011   (년)

3,321   12,197   7,355   21,695   17,175   20,591   23,749

[그림2] **1인당 국내총생산(GDP) 추이**

을 찍은 후 2012년 9월 현재 수개월째 1900포인트의 박스권에서 움직이고 있다. 여러분께서 불안하기 짝이 없다고 느끼는 우리나라 주식시장은 1987년 1월에 비해 2011년 말 기준 코스피 지수는 약 6.8배, 시가총액은 92배가 늘었다. 같은 기간 1인당 국내총생산GDP 역시 7.2배 상승했다.

나는 지금 주식투자를 해 놓고 시간을 보내기만 하면 된다고 말하는 것이 아니다. 그 사이 세계를 경영하겠다던 대기업을 비롯해 크고 작은 상장기업들이 부도를 맞았다. IT(정보기술) 버블의 미친 바람이 지나간 뒤에는 주식투자에 실패한 사람들이 줄줄이 스스로 목숨을 끊었다. 주식투자에 성공하려면 반드시 시간이 필요하지만 좋은 기업이라는 조건이 갖춰져야 한다. 그렇지 않으면 시간은 독이다.

좋은 기업을 찾는 방법은 이후부터 내내 이야기할 것이고 여기서는 우리 주식시장이 등락을 거듭하며 성장해 왔다는 사실에 집중하도록 하자. 자본시장의 규모가 작고 대외 무역 의존도가 높아 해외의 사건에 민감하게 반응하긴 하지만 우리 주식시장이 그렇게 못 미더운 시장은 아니라는 점이 중요하다.

전반적으로는 상승했지만 하락기에 투자를 했다면 낭패가 아니냐는 질문을 하실 수 있다. 실제로 코스피 지수 차트를 보면 1989년 초 1000포인트를 넘었던 지수가 이후부터 등락을 거듭하며 하락 추세를 보인다. 1992년 하반기에 저점을 찍은 후 상승하기 시작하는데 1994년 하반기가 되어서야 1989년 초 수준까지 회복된다. 1994년 11월 고점을 찍은 지수는 다시 하락하기 시작한다. 그 사이 외환위기를 겪은 후 그 비슷한 수준까지 회복되는 때가 1999년 12월이다. 두 기간 모두 5년 정도의 시간이 걸렸다.

이렇게 보면 여러분의 걱정이 대단히 합리적인 것처럼 보인다. 그런데 다들 아시다시피 코스피 지수는 평균값이다. 우리는 개별 기업에 투자하는데 코스피 지수는 전체 시장에 대한 값만 보여준다. 하락 추세에서도 주가가 상승하는 기업이 있고 상승 추세에서도 주가가 하락하는 기업이 있다. 이 모두를 합쳐서 산출한 것이 코스피 지수다.

코스피 지수가 하락한다고, 불황이라고 해서 모든 기업의 가치가 하락하지는 않는다. 오히려 불황에 잘나가는 기업도 있다. 불황 때는 몸을 움츠리고 있다가 경기가 반전되면 더 크게 성장하는 기업도 있다. 전체 주식시장의 등락이 중요하긴 하지만 결국 어떤 기업에 투자하느냐가 투자의 승패를 가른다.

최근 유럽의 재정위기, 우리나라의 부동산 버블 붕괴에 대한 우려가 깊다. 까딱하면 경제 암흑기로 접어드는 것은 아닐까 걱정하는 분들이 많다. 여기에 대한 답은 얼마 전 한 신문에 기고한 칼럼으로 대신한다.

최근 증시는 유럽중앙은행이 그리스를 지원하기로 하면서 한숨 돌리는 형국이다. 1700선까지 내줬던 코스피 지수는 4일 현재 1874포인트까지 올라섰다. 그러나 여전히 불안감은 줄어들지 않고 있다. 그리스라는 급한 불은 껐지만 언제 다른 유로 국가에서 문제가 생길지 모른다고 한다. 중국의 금리 인하를 향후 세계 경기 불황의 예고편으로 보는 시각도 있고 전 세계적인 공황을 걱정하는 목소리도 나온다.

이처럼 세계 경기에 대한 예측은 온통 위기론 일색이다. 국내 경기에 대한 기상도 역시 흐리다. 가계부채라는 시한폭탄이 째깍거리고 있다는 것이다. 기업들도 바빠졌다. 삼성은 유럽발 위기에 대응하는 시나리오 경영에 돌입했다고 한다. 보도가 되지 않았을 뿐 각 기업들은 위기 대응 전략을 마련하느라 고심하고 있을 것이다.

이런 상황에서 투자자들의 적절한 대응은 무엇일까. 당장이라도 투자 자금을 거둬들이거나 여차하면 빠져나올 준비를 하고 있어야 하는 것일까.

한국은 지금까지 숱한 위기를 겪어왔다. 그때마다 당면한 위기는 이전과는 다른 치명적인 위기였다. 외환위기는 국가 부도라는 초유의 사태였고 글로벌 금융위기는 세계를 주름잡던 미국이 위기에 빠진 상황이었다. 그러나 지금은 어떤가. 우리는 가장 빠르게 외환위기를 극복했고 글로벌 금융위기 때 세계 GDP 비중이 18퍼센트까지 떨어졌던 미국은 최근 22~23퍼센트까지 회복했다.

유럽의 위기는 각기 다른 경제 상황을 가진 국가들이 단일 통화 체계로 통일하면서 발생했다는 의견이 지배적이다. 지금은 그러한 부조리가 수면 위로 드러나면서 해결되어 가는 과정인 것이다.

시가총액 기준으로 세계 23위 기업인 삼성전자가 위기라고 본다면, 그리고 다른 기업들도 그렇게 본다면 정말 심각한 것 아니냐고 할 수 있다. 그러나 필자의 생각은 다르다.

위기가 보이고 이에 대한 대응책을 세우고 있다면 힘들더라도 극복할 수 있다고 믿는다. 오히려 유럽의 기업들이 주춤하고 있는 사이 우리 기업들이 시장을 확대할 수 있는 기회라고 생각한다.

필자는 위기가 진정되고 상황이 호전되면 상대적으로 우리나라 기업들의 많은 수혜를 예상한다. 세계에서 가장 열정적인 기업들이 많기 때문이기도 하지만 중국과 일본을 포함한 아시아 중에서 우리 시장이 가장 저평가(PER 9배)되었기 때문이다. 진정한 기업가는 오히려 어려울 때 투자한다. 필자도 어려울 때 투자하여 기회를 잡았다. 우리나라처럼 강한 제조업을 가지고 있는 나라가 세계에서 몇이나 되는가. IT, 자동차, 철강, 조선 등에서 세계를 선도하는 글로벌 기업들이 지금도 혁신하며 경쟁력을 높여 나가고 있다.

난세에 영웅이 난다고 한다. 난세는 고통을 수반하지만 그만큼 기회가 많은 시기이기도 하다. 위기는 항상 '이번에는 다르다'며 다가온다. 지나고 나서야 극복될 위기였음이 명백하게 드러나고, 그것이 기회였음도 명백하게 알게 된다. 그리고 그때는 이미 기회로서의 가치를 상실한 다음이다.

_〈한국주식이 매력적인 까닭은〉, 《매일경제》, 2012.07.06

우리나라는 세계에서 명목 기준 GDP 15위 국가다. 무역 규모로는 9위이며 수출은 7위다. 지구에 대한민국이라는 나라가 있는 줄도 몰랐던 서양 사람들이 K-POP에 열광하고 일본, 중국, 동남아시아 사람들이 한류를 타고 우리나라로 오고 있다. 전 세계 기업들을 상대로 당당하게 경쟁하는 기업들이 있고 높은 수준의 교육을 받은 인재들이 있다. 쉽지는 않겠지만 나는 우리나라 경제가 더욱 성장할 것이라고 믿고 있다.

이 같은 믿음이 나만의 것은 아니다. 우리나라 주식은 2011년 말 기준 대주주 포함 개인 24.4퍼센트, 일반법인 29.6퍼센트, 기관투자자 13퍼센트, 정부 및 기타 2.4퍼센트를 보유하고 있다. 그리고 나머지 30.6퍼센트를 외국자본이 차지하고 있다. 막강한 자본력과 정보력, 분석력을 가진 외국자본이 우리 기업에 투자하고 있다는 것은 그들도 우리나라 주식시장의 미래를 밝게 보고 있다는 증거다.

그러나 한국경제를 낙관하는 외국자본의 투자가 반갑지만은 않다. 2011년 외국인들은 총 4조 8700억 원의 배당금을 챙겼다. 전체 배당금의 36.5퍼센트다. 국민들이 자산을 부동산과 현금, 예금 등에 묶어 놓는 동안 우리 기업이 일궈낸 성과 중 36.5퍼센트가 외국으로 빠져나갔다. 거의 5조 원에 가까운 돈이 우리나라 곳곳에서 소비되고, 능력은 있으나 자본이 부족한 기업가에게 투자되었다면 어땠을까 하는 아쉬움이 있다.

기업에서 일하는 직원은 자신의 월급보다 훨씬 더 많은 부가가치를 생산해야 한다. 그래야 기업이 굴러가기 때문이다. 월급을 받아 여윳돈으로 적금을 들고 나중에 목돈을 찾아 긴요하게 쓰거나 또 다른 적금에 가입하는 것을 나쁘다고 말할 수 없다. 그러나 그렇게 하면 이 땅의 많은 직원들이 월급보다 더 많이 생산한 부가가치에 대한 혜택을 누리지 못한다. 모든 자산을 주식투자에 올인하라는 말이 아니다. 주식투자에서도 포트폴리오가 필요하듯, 자산에도 포트폴리오가 필요하다. 적절한 포트폴리오 구성으로 기업 성장의 부를 공유하자는 것이다.

제 1 장

주식투자,
프레임을 바꿔야
성공한다

개인은 무엇을 무기로 싸워야 할까.
자유로움과 시간이다.
기관투자자는 언제나, 어디엔가는
투자를 하고 있어야 한다.
수익에 대한 압박감도 있다.
그러나 개인은 맘에 드는 기업을 찾을 때까지
몇 년이고 투자하지 않아도 되고,
수익이 없더라도 성장 가능성이 있는 기업을
기다려 줄 수도 있다.

직업과 관련된 업종의 기업에 투자하면
정보력의 열세도 만회할 수 있다.
현장에서 직접 듣는 정보나
업계 동향이 있기 때문이다.

주식은
매매의 영역이 아니라
투자의 영역이다

똑똑하고 잘생긴 데다 집안까지 좋은 사람이 범죄에 연루되어 인생을 망가뜨리는 경우를 종종 본다. 전국의 고등학생이 오매불망 가고 싶은 대학 출신도 있고 미국에서 좋은 대학을 우수한 성적으로 졸업한 사람도 있다. 그들을 볼 때 우리는 '뭐가 아쉬워서 저랬을까'라며 혀를 차곤 한다. 정말 뭐가 아쉬웠을까? 내가 보기에 뭐가 부족해서가 아니라 인생을 보는 눈, 즉 가치관이 잘못되었기 때문인 것 같다.

집으로 비유하자면 주춧돌이 비뚤어져 있는 것이다. 주춧돌의 균형이 맞지 않으면 기둥도 대들보도 지붕도 다 비뚤어진다. 좋은 자재와 비싼 인테리어로 집을 장식할수록 기울어진 기둥에 가해지는 하중은 높아지고 임계점에 이르렀을 때 결국 무너지고 만다.

독자들은 나름대로 주식에 관한 지식을 갖고 있다. 주변에서 들은 이야기도 있고 책에서 읽은 것도 있다. 또 방송에 나오는 애널리스트나 소위 전문가에게 들은 지식도 있고 밑줄까지 쳐 가며 열독했던 경제 기사에서 배운 것도 있을 것이다. 다른 모든 지식과 마찬가지로 주식에 관한 지식도 저절로 쌓이지 않는다. 단편적으로 알고 있는 것을 지식이라고 할 수는 없다. 체계를 갖춰야 한다.

오랫동안 숫자와는 담을 쌓고 지낸 사람, 신문의 경제면은 그냥 통과한 사람에게 주식 공부는 쉽지 않다. 온통 생경한 용어들에다 일상에서는 접할 수 없는 큰 자리의 숫자들은 두통을 유발하기도 한다. 제대로 알기 위해서는 마치 초등학교부터 대학교에 걸쳐 공부하듯, 경제에 관한 기본지식부터 시작해 주식이라는 전공 지식을 쌓아야 한다. 그것으로 끝나지 않는다. 석사와 박사 과정을 통해 자기 나름의 학설을 만들어가듯, 주식도 자기 나름의 투자법을 만들어 내야 한다. 그 이후에도 공부와 연구를 계속해야 수익을 낼 가능성이 높아진다.

주식투자자 500만 명 중 적어도 '주식의 대학 공부'까지 마친 사람은 그리 많지 않을 것이다. 그것이 내가 책을 쓰는 이유이기도 하다. 공부는 이 책이 끝날 때까지 강조할 것이다. 하지만 여기서는 지식의 토대를 말하고자 한다. 집에 돈이 남아돌아서 지갑을 골목길에 던지듯 투자하는 사람은 일단 제외하고, 제대로 투자를 해 보고자 하는 사람은 책을 찾아 읽기 마련이다. 지식을 쌓기 위한 상식적인 수순인데 그 전에 해야 할 것이 있다. 주식에 대한 정의가 바로 그것이다.

주춧돌을 제대로 세우지 않은 집은 무너질 수밖에 없고 인생에 대한 가치관이 잘못되면 불행한 삶을 살게 된다. 마찬가지로 주식에 대한 정의를 잘못 내리면 지식이 아무리 많아도 실패한 투자자가 된다. 아이러니하게도 지식이 많을수록 크게 실패할 가능성이 더 높다. 여기서 실패는 금전적 손실만을 의미하지 않는다. 행복한 일상이 모여 행복한 인생이 된다. 주식에 대한 정의를 잘못 내리면 주식시장에 발을 담그고 있는 내내 행복한 일상은 없다. 까딱하면 실패한 인생이 되는 것이다.

지나친 과장이라고 할 수 있다. 나도 그랬으면 좋겠다. 그러나 이제는 뉴스도 되지 않는 주식투자 실패자의 자살은 어떻게 설명할 것인가. 직장생활과 가정의 파탄은 또 어떤가. 누구나 자신은 절대로 그럴 리 없다고 생각한다. '인생이 망가질 수도 있어'라면서 주식투자를 시작하는 사람은 없다. 부지불식간에 불행의 길로 접어들고 아차 하는 순간, 되돌리기엔 너무 늦었다는 것을 깨닫게 된다.

나는 극단적인 실패만을 말하는 것이 아니다. 단기투자에 매몰된 사람들은 늘 조마조마하다. 기업의 내용이 무엇인지, 앞으로 어떻게 될지 전혀 모르니까 불안할 수밖에 없다. 월요일부터 금요일까지는 시세판을 보면서 불안해하고 토요일과 일요일은 월요일을 생각하면서 가슴을 졸인다. 행복한 일상은 물 건너간 것이다.

주식에 관한 해박한 지식만으로 성공투자를 할 수 없음은 우리가 거래수수료를 통해 먹여 살리고 있는 증권사 직원들이 증명해 주고 있다. 그들은 각종 금융 관련 자격증을 가지고 있는 사람들이다. 현장에 있으면서 계속해서 지식을 축적한다. 웬만한 일반투자자와는 비교도 할 수 없을 만큼 많은 지식을 갖고 있다. 지식을 숫자로 표시할 수는 없지만 편의상 일반투자자가 가진 지식을 1이라고 하고 증권사 직원들은 2라고 하자. 지식만이 투자수익을 결정하는 유일한 변수라면 증권사 직원들은 늘 일반투자자보다 2배의 수익을 올릴 수 있다. 그런데도 그들은 직장생활을 하고 있다.

내가 만난 증권사 직원 중 '주식투자로 돈을 많이 벌었지만 일 자체가 좋아 계속 다닌다'는 사람은 거의 없었다. 때가 되면 연봉협상을 하고 더 높은 연봉을 찾아 직장을 옮기기도 한다. 내가 알기로 증권사 직원 중에서 투자를 통해 돈을 번 사람은 그리 많지 않다. 통계는 없지만 수익을 낸 사람보다 손실을 입은 사람을 나는 더 많이 봤다.

그리고 증권방송 등에 나오는 소위 전문가들을 보자. 그들 역시 지식의 측면에서는 내로라하는 사람들이다. 그들은 오로지 일반투자자들을 향한 선의만으로 방송에 출연하고 있는 것일까. ARS를 통해 종목을 추천해 주면서 돈을 벌고 있는 전문가들도 있다. 통화 시간에 따라 요금이 부과되는 탓에 '급등에 급등을 거듭할 종목'을 추천해 주기 전에 온갖 장광설로 시간을 끈다. 폭등주를 알고 있다면서 왜 그런 번거로운 노고를 하고 있는 것일까. 이렇게 보면 최소한 지식이 성공투자의 결정적인 요인은 아니라는 것을 알 수 있다.

막강한 지식을 갖춘 전문가들은 주가의 파도를 타면서 절묘한 타이밍으로 기가 막힌 수익률을 내려고 하는데 기가 막히게 절묘한 타이밍에 사고팔면서 손실을 낸다고 한다. 단기적인 주가의 등락을 예측할 수 있다고 판단하고 파도타기를 하려 하지만 수시로 파도에 뒤통수를 맞고 있는 것이다. 이 같은 패턴을 반복하는 이유는 주식투자를 매매의 영역으로 보기 때문이다. 나에게는 기업의 내용이 기본이고 차트가 참고자료인데 이들은 차트가 기본이고 기업의 본질이 참고자료인 듯하다.

내가 생각하는 주식투자의 정의는 매매의 영역이 아니라 투자의 영역이다. 편의상 'ㅇㅇ회사의 주식을 샀다'라고 표현하지만 'ㅇㅇ회사의 주인이 되었다'라고 생각한다. 나는 주식투자를 단순히 유가증권의 매매라고 보지 않는다. 내가 사업을 한다는, 동업을 한다는 마음으로 투자를 한다. 어떤 기업의 주식을 샀다는 것은 그 사업을 시작한다는 의미다.

무슨 뜬구름 잡는 소리냐고 할 수 있다. 주식회사는 대주주가 독단적으로 의사결정을 하는 구조로 되어 있다. 지분이 30퍼센트 정도만 되어도 경영권을 가질 수 있고 50퍼센트가 넘는다면 무소불위의 권력을 휘두를 수 있다. 나머지 주주들이 백날 뭐라고 해 봐야 무시하면 그만이다. 소액주주 입장에서는 그저 주식을 사서 시세차익을 남기면 되지 사업은 뭐고, 동업은 또 뭐냐는 생각이 들 법하다. 솔직히 내가 10퍼센트의 지분을 갖고 있는 기업에도 내 영향력은 한계가 있다. 대놓고 의견을 무시하는 대주주도 있다. 여기에 대해서는 나도 불만이 있다. 이 부분에 대해서는 차후에 다시 이야기할 것이다.

절대다수의 투자자가 주식에 대한 정의를 자기 사업으로 바꾼다면 대주주의 전횡도 상당 부분 개선되고 나아가 우리 자본시장도 건전해질 것이다. 그러나 이러한 이유 때문에 주식투자의 정의를 바꾸라는 게 아니다. 이것이 지금까지 내가 주식시장에 있으면서 깨달은, 그리고 내가 '슈퍼 개미'로 불리게 된 밑천이기 때문이다. (개인적으로 슈퍼 개미라고 불리는 것은 반갑지 않다.)

주식시장에는 실패의 공식이 있다. 공포와 탐욕에 의한 섣부른 매매, 정보 매매, 뇌동 매매, 급등주나 테마주 편승 등이 그것이다. '주식투자=자기 사업'이라는 등식이 확고하게 자리 잡고 있으면 실패의 공식을 답습하지 않는다. 지금부터 왜 주식투자를 자기 사업이라고 생각해야 하는지 투자를 하면서 겪은 일들, 특히 실패의 유형들을 예로 들어 설명해 보고자 한다.

박탈감에서 시작하면
허탈감으로 끝난다

누구나 일생에 한 번쯤은 아침 운동을 할 때가 있다. 건강이 나빠졌다고 느끼거나 조금만 뛰어도 심장이 터질 것 같으면 운동을 해 봐야지 한다. 알람을 듣고 힘겹게 일어나 밖으로 나가면, 아침 공기가 상쾌하다. 조금만 뛰어도 괜히 기분이 좋아지고 의욕도 솟는다. 이 좋은 걸 왜 그동안 안 했을까 하는 생각도 든다.

그러다가 페이스가 흐트러지는 순간이 있다. 누군가 자신을 앞질러 뛰어갈 때다. 그가 동년배이거나 나이가 더 많은 분이면 갑자기 경쟁의식이 불타오른다. 좀 힘들어도 속도를 내서 추월하면 기분이 좋아지지만 그것도 잠시, 이번에는 상대방이 추월을 시도한다. 그렇게 경쟁을 하다 보면 상쾌한 기분은 온데간데없고 다리근육은 풀려서 걷기도 힘들어진다.

남과 비교하는 마음은 타고나는 것인지, 아니면 모여 사는 인간이 서로 비교하면서 생긴 것인지는 알 수 없다. 어쨌거나 우리는 평생 동안 시기심의 습격을 받으면서 살아간다. 먼 친척도 아니고 사촌이 땅을 사면 배가 아프다고 하니 시기심은 모르는 사람보다는 가까운 사람에게 더 강하게 느끼는 것 같다. 자연스러운 감정이긴 하나 여기에 휘둘리면 사는 게 고달파진다.

주식투자에서도 마찬가지다. 상당수 사람들이 시기심에 휘둘려 주식투자를 시작한다. 신문이나 방송에서 주식투자로 원금의 수십 배에 달하는 수익을 올렸다는 기사를 볼 때는 남의 나라 이야기인 듯 대하다가 가까운 누군가가 돈을 벌었다고 하면 불쑥 '내 돈은 뭐하고 있나' 하는 생각이 든다. 매달 붓는 적금에 대한 만족도가 갑자기 하락한다. 상대적 박탈감이 습격하는 시간이다.

나는 되도록 많은 국민들이 우리나라 기업에 투자해 성장의 열매를 함께 누리자고 주장한다. 박탈감을 통해서 주식투자에 관심을 가지는 것도 반대하지 않는다. 다만 박탈감은 관심의 계기에서 그쳐야지 투자의 계기가 되면 곤란하다.

매달 일정액의 적금을 불입하면서 더 많은 이자를 달라고 은행에 강짜를 부리는 사람은 없다. 정해진 이율이 있기 때문이다. 적금 이율은 금리에 따라 달라지지만 직접적으로는 상품의 종류에 따라 은행이 정해 놓은 것이다. 이것이 적금을 선택하는 기준이다. 하지만 주식투자는 다르다. 정해진 이율 대신 기대수익률이 있다. '기대'는 이성이 아니라 감성의 영역이다. (감성을 배제할 때는 예측이라는 말을 쓴다. 물론 인간이 하는 것인 만큼 감정이 완전히 제거된 예측은 없다.) 감성에 치우친 기대는 상식적인 기대수익률을 벗어나게 한다.

위험하다는 이유로 주식투자를 하지 않는 사람은 어지간한 수익률에는 꿈쩍도 하지 않는다. 가까운 지인이 적게는 수십 퍼센트, 많게는 수백 퍼센트의 수익을 거뒀다고 해야 '나도 한번 해볼까' 하면서 마음이 동하는 것이다. 이런 상황에서 세운 투자수익률의 기준은 박탈감을 느끼게 한 사람의 수익률이 된다.

기막힌 수익률을 거두는 사람이 없지는 않다. 그중 몇몇은 나도 소문을 들어 알고 있다. 하지만 지속적으로 기적적인 수익을 내는 사람은 본 적도 들은 적도 없다. 주식시장은 그리 호락호락한 곳이 아니다. 단기간에 수백 퍼센트의 수익을 내려고 하는 사람은 살아남지 못한다. 어느 순간 빈털터리가 되어 주식시장을 떠난다.

주식투자를 하면서 느끼는 박탈감은 아직 끝나지 않았다.

HTS를 켜면 매수한 종목 외에 관심 종목 창이 있다. 여기에는 시장의 지표가 되는 종목을 비롯해 누구에게 들었거나 '왠지' 괜찮을 것 같은 종목을 담아 둔다. 그런데 희한하게도 내가 매수한 종목은 그대로 있거나 내리는데 관심 종목들은 연일 빨갛게 달아오른다. 그러면 또 박탈감이 슬슬 올라온다. '내가 종목을 보는 눈은 있는데 마지막 판단을 잘못했구나'라면서 재빨리 갈아타면 또 같은 현상이 벌어진다.

실제로 이렇게 신비한 일이 모두에게 벌어질 리 없다. 박탈감을 느끼는 뇌의 속임수일 뿐이다. 대세하락장이 아니라면 관심 종목 중 한두 개는 오를 가능성이 높다. 그럴 때는 하락하는 종목은 보이지 않고 상승하는 종목만 보이니 내가 보유한 종목이 그만큼 오르지 않으면 박탈감이 느껴지는 것이다.

박탈감은 곧 결핍감이다. 결핍감은 사람을 조급하게 하는데 그래서는 정확하고 냉정한 판단을 하지 못한다. 장기투자는 꿈도 꾸지 못한다. 주식투자를 하면서 박탈감을 느끼지 않을 재간은 없다. 어떻게 대처하는가가 관건이다. 박탈감이 느껴질 때 스스로를 돌아보고 잘 대응해야 한다. 그렇지 않으면 주식투자는 박탈감에서 시작해 허탈과 분노로 끝난다.

기업의 성장주기에
투자하라

주식투자 세계에서 가장 많이 듣는 조언이 '장기투자를 하라'는 말이 아닐까 싶다. 나 역시도 자주 하는 말인데 정확한 의미를 생각해 보면 애매하다. 하루에도 수십 번씩 거래하는 데이트레이더도 있고 워런 버핏처럼 10년 이상 갖고 갈 종목이 아니면 아예 투자하지 않는다는 사람도 있다. 이 둘을 각각 초단기 투자자(투자자라고 부르기엔 좀 불만스럽지만)와 초장기 투자자라고 부르는 데는 이견이 없을 것이다. 그러면 6개월이나 1년은 어떤가? 단기라고 보기엔 좀 길고 장기라고 보기엔 좀 짧다. 중기투자자라고 보면 될까?

여기서 손실을 보는 개미투자자의 전형적인 패턴 중 하나를 살펴보자. 향후 전망이 좋다는 애널리스트의 보고서가 있고 언론에도 수차례 소개가 되었다. 과거에 비해 거래량도 꽤 늘었고 주가도 10퍼센트 가량 상승했다. 주가가 더 상승할 것 같고 '달리는 말에 올라타라'는 격언을 떠올리며 매수한다. 더 상승할 거라는, 현실과는 별 관계없는 기대감 때문에 분할 매수는 잊은 지 오래다. 종자돈의 대부분을 쏟아붓는다. 이후에 더 상승하면 '이건 확실하다'면서 레버리지를 쓰거나 곧 지출해야 할 돈을 끌어다 쓴다.

기대감대로라면 연일 상승하고 때로는 빨간 화살표를 그리면서 치솟아야 하는데 왠지 시들시들하고 거래량도 줄어든다. 잠시 정체기를 지나 거래량이 늘면서 하락하기 시작한다. 본전까지 하락했을 때 이거 팔아야 하는 거 아닌가라며 고민할 때 살짝 상승한다. 그러면 '역시 일시적인 조정이었어'라고 생각한다. 하지만 곧 다시 하락하기 시작하고 점점 손실 폭이 커진다. 더러는 손실률을 줄이기 위해 이른바 물타기도 할 것이다.

이후 오랫동안 주가는 매수가에서 약 10퍼센트 남짓 하락한 상태에서 의미 없는 등락을 거듭하고 거래량도 줄어든다. 장이 좋을 때는 조금 상승하고 나쁠 때는 큰 폭으로 하락한다. 그러던 어느 날, '뭐 이런 주식이 있어!'라며 매도해 버린다. 그 뒤에도 미련이 남아 종종 해당 종목의 주가를 확인해 보는데, 일정한 시간이 지난 후이니 다시 상승세를 보인다. 작전세력들의 농간이라거나 대주주가 개미들 돈을 빼먹었다는 근거 없는 비난이 나올 법한 시간이다.

장기투자자가 되려고 했는데 단기투자자로 변신하는 예도 있다. 매수하기 전까지는 참 좋은 '주식' 같았는데 이상하게 그 이후부터는 불안해진다. 매수 전에는 가격이 더 올라갈까 걱정이고 매수 이후에는 떨어질까 노심초사다. 매시간 주가를 확인하게 된다. 이런 방식으로는 한 달만 해도 피로감이 만만치 않다. 그러던 차에 지나고 보면 아무것도 아닌 뉴스에 주가가 하락하면 불안감을 견디지 못하고 매도해 버린다.

투자 기간이 얼마나 되었든, 위 두 사례의 공통점은 보유하는 동안 상당한 피로감을 느낀다는 것이다. 독자께서는 하루에 현재가를 몇 번이나 확인하시는가? 직장에서도 한 시간에 몇 번씩 주가를 확인하는 사람이 많은 것으로 알고 있다. 그래서는 직장생활도 주식투자도 성공할 수 없다.

데이트레이더가 될 것이 아니라면 자주 주가를 확인할 필요가 없다. 불안과 기대 때문에 자꾸 보고 싶은 것은 이해하지만 아무 도움도 되지 않는다. 주가를 확인할 때마다 스스로 자신의 어깨에 돌멩이를 하나씩 올리는 것과 같다. 확인할수록 돌멩이의 수는 많아지고 피로감은 더해진다. 그러면 잘못 판단할 위험이 높고 그렇지 않더라도 투자하는 내내 참 피곤한 인생을 살게 된다.

이제 왜 서두에 투자 기간을 이야기했는지 밝힐 차례다. 편의상 장기투자라고 말은 했지만 엄밀한 의미에서는 기업의 성장주기에 따른 투자라고 하는 것이 옳다. 간혹 예외가 있으나 기업은 일직선으로 성장하거나 하락하지 않는다. 예를 들어 어떤 제조업체가 있다고 하자. 몇 년간의 연구 끝에 기존 제품보다 성능이 탁월한 제품을 만들어냈다. 그러면 매출이 급격히 증가한다. 그러다가 경쟁사들이 비슷한 제품을 내놓기 시작하면서 점점 매출이 떨어진다. 그 사이 새로운 제품을 개발하기 위해 연구비를 투자한다. 단 세 줄로 정리했지만 몇 년이 걸리는 주기다. 심하게 단순화시키면 정체기와 성장기로 나눌 수 있겠다. 주가는 정체기 말, 즉 신제품이 출시되기 직전부터 움직이기 시작해 성장기 중반까지 상승한다.

그러면 우리는 언제 해당 기업의 주식을 매수해야 할까. 다들 기막힌 타이밍에 들어가려고 하지만 쉽지 않다. 신제품 개발이 매출 신장으로 이어질 수도 있지만 그저 그런 제품일 수도 있다. 별 것 아닌 기술을 과대포장해 주가를 띄우려는 모략이 늘 존재하는 곳이 주식시장이다.

이것이 내가 1~2년 지켜보면서 소통하고 예상한 대로 성장해 갈 때 베팅한 후 2~3년을 더 기다리는 이유다. 일정액을 투자해 놓고 몇 년 동안 공부하고 소통하면서 성장주기를 살피는 것이다. 지난 몇 년간의 자료를 보면 쉽게 알 수 있다고 생각하겠지만 올바른 판단의 근거는 되지 못한다.

매일 신문이 나오고 많은 정보를 쏟아낸다. 우리는 기사 속의 정보들을 통해 세상을 읽는다. 그러면 몇 년 치 신문을 한꺼번에 읽으면 어떨까? 정보는 쌓을 수 있겠지만 세상을 읽기에는 부족할 것이다. 켜켜이 쌓인 정보가 지식이 되고 다시 켜켜이 쌓인 지식이 세월의 압력에 의해 지혜가 된다. 언제나 결정적인 통찰은 정보 너머에 있다. 자기만의 투자법을 만들라고 하는 이유도 여기에 있다. 더구나 주식투자는 공식적인 정보뿐 아니라 기업과의 소통이라는 과정이 있다.

기업의 성장주기에 따라 투자하고 기업과 동행하면 하루하루 주가의 등락에 일희일비할 일이 없다. 기업의 성장과정과 세상의 흐름을 보는 큰 안목을 가진 자가 주식을 보유하고 있을 때의 피로도는 그렇지 않은 사람의 그것과 비교할 수 없을 만큼 가벼울 것이다. 만약 독자께서 일정액을 주식에 투자해 풍요로운 노후를 누리겠다는 계획을 세웠다고 하자. 주식투자를 하는 과정 또한 여러분의 행복에 기여해야 한다. 매일매일 주가를 확인하는 피곤한 일상을 짧게는 10년, 길게는 수십 년 반복하는 투자는 행복이라는 목적에 맞지 않다.

:: ::

단기투자의 함정

투자 자금을 관리해 주고 있던 지인이 하루는 자금의 절반을 빼달라고 했다. 1여 년 전에 우리 애들과 같은 종목을 사주었고 약 50퍼센트의 수익이 나고 있었다. 이렇게 대단한 수익이 나고 있는데도 돈을 빼겠다는 걸로 보아 급전이 필요한 거라고 짐작했다. 그런데 아니었다. 증권사에 근무하는 후배가 있는데 그에게 맡겨 보겠다는 것이었다. 후배가 매월 5퍼센트의 수익을 낼 수 있는 상품이 있다고 했단다. 매년도 아니고 매월 5퍼센트라면 누군들 투자하고 싶지 않을까. 그런 투자 상품이 있다면 나도 투자하고 싶다.

아니나 다를까 추천받은 것은 파생상품이었다. 파생상품은 제로섬 게임이다. 고수익, 고위험이라고는 하지만 투자 기간이 길어지면 결국엔 제로가 되기 십상이다. 이런 상품은 아무리 달콤한 말로 유혹해도 쳐다보지 않는 게 상책이다. 투자자들의 세계에서 누군가 파생상품시장에 들어갔다고 하면 거의 막장까지 갔다고들 이야기한다. 6개월 전에는 얼마를 벌었고 지난달에는 또 원금의 몇 배를 벌었다는 소식이 들리지만 늘 마지막에는 '결국 한 방에 갔다더라'라는 비보로 마무리된다. 나는 '좋은 기업에 투자해 놓고 네 일 열심히 하고 있으면 시간이 가면서 주가는 상승한다. 만약 연간 10퍼센트의 수익만 보장해 준다면 내 자금을 전부 맡기겠다'는 말로 설득했다.

몸에 좋은 약은 입에 쓰다는 속담은 주식투자에도 적용된다. 상식적인 수익을 기대해야 하고 좋은 기업과 그 기업의 성장 가능성에 시간과 돈을 투자해야 한다는 격언은 누구나 알고 있다. 이때 필수적으로 시간을 요구하는데, 마냥 기다리는 일은 꽤나 힘들다. 앞서 이야기한 박탈감의 괴롭힘도 만만치 않다.

모든 투자자는 일단 종목을 매수하면 바로 오르기를 바란다. 이런 바람은 백일몽 이상도 이하도 아니다. 그 바람이 현실이 될 수 있다고 생각하는 순간 일장춘몽은 악몽으로 바뀐다. 항상 예외가 있듯, 현실이 되는 상황이 있긴 하다.

첫 번째는 나를 포함한 극히 일부만이 곧 밝혀질 기막힌 호재를 알고 있는 경우다. 엄청난 금액의 계약을 했거나 시장을 발칵 뒤집어 놓을 신기술 개발이 그런 것들이다. 시중에는 어마어마한 양의 정보가 돌아다니고 있다. 종목 토론방에 귀한 정보를 올려주는 친절한 분들이 있지만 이를 친절하게 받아들이는 투자자는 없을 거라 생각한다. 언론에 난 기사는 모두가 아는 것이니 별 의미가 없다. 남은 것은 소문이다.

독자께서 어떤 기업에 대한 소문을 들었다고 하자. 그러면 우리는 소문의 최초 발신자를 추리해 볼 수 있다. 독자께 정보를 들려준 사람이 아주 친한 사람이고 그 기업의 직원이라면 신빙성이 꽤 높다. 그런데 상대방도 누군가에게 들은 정보라면 어떤가. 최초 발신자에게서 멀어질수록 신빙성은 떨어진다. 뜬소문 정도라면 다행이다. 만약 누군가 의도를 가지고 퍼뜨린 소문이라면 어떻게 될까. 소문을 늦게 들었을수록 큰 낭패를 보게 된다. 고급 정보를 들었을 때 이런 질문을 던져 보라.

'이 비밀스런 정보가 어떻게 하다가 나에게까지 오게 되었을까?'

철학적인 의미에서 각 개인은 우주만큼 특별한 존재이지만 주식시장에서 일반투자자는 지극히 평범한 개인일 뿐이다. 평범한 개인에게 기업의 비밀이 전해질 확률은 아주 낮다. 따라서 확률적으로 본다면 정보에 따른 매매는 아예 하지 않는 것이 성공 확률을 높여준다.

두 번째는 기업에 대한 평가가 갑자기 달라지는 경우다. 어제까지는 사람들이 저평가를 하다가 독자께서 매수한 이후에 갑자기 적정한, 혹은 고평가를 하는 경우다. 나는 이러저러한 이유로 소외된 기업에 투자하는 때가 많다. 소외된 기업은 저평가되어 있기 때문이다. 물론 소외된 이유가 중요하다. 성장성이 없는 업종, 몇 년째 적자 행진을 하고 있는 기업, 경영자에게 치명적인 문제가 있는 기업 등 합리적인 이유로 소외되었다면 나도 관심을 두지 않는다.

　　그런데 그런 기업만 소외되는 것은 아니다. 사람 사이에도 오해가 있듯, 기업과 투자자 사이에도 오해가 생긴다. 혹은 과거에는 소외되어 마땅한 이유가 있었으나 점점 그 문제가 해결되어가는 중일 때도 있다. 오해가 이해로 바뀌든, 문제가 해결되든 여기에는 시간이 필요하다. 기업에 대한 가치평가는 갑작스럽게 바뀌지 않는다는 말이다.

　　마지막으로 '달리는 말'이 남았다. 가만히 화면을 들여다보고 있으면 깜빡깜빡 할 때마다 주가가 상승하는 주식을 보게 된다. 투자를 하다 보면 실제로 종종 경험하는 현상이다. 특히 최근 상승폭이 큰 종목일 때는 '관성의 법칙'에 따라 쭉 올라갈 것 같다. 이런　분위기를 타고 거래량이 대폭 증가하면서 주가는 일종의 흥분상태에 놓인다. 이때 자칫하면 덩달아 흥분하게 되고 바로 들어가면 5퍼센트는 먹고 나올 수 있을 것 같아서 얼른 매수를 한다.

단타매매로는 절대로 수익을 낼 수 없다고 말하는 것이 아니다. 적절한 타이밍에 들어가서 원했던 수익률을 올릴 수도 있다. 하지만 목표로 했던 수익률에 도달했을 때 미련 없이 팔고 나오는 사람은 많지 않다. 이유는 모르지만 왠지 더 올라갈 것 같아서 수익률을 조정한다. 어떤 사람은 기회를 잡았다고 생각하고 1차 목표 수익률에 도달했을 때 추가 매수를 하기도 한다.

그러다가 주가가 조금 하락하면, 일시적인 조정일 거라고 위로한다. 평균 매입 단가에 근접했을 때는 아까워서 못 판다. 1차 목표에 도달했을 때의 수익을 원금처럼 느끼기 때문이다. 결국 장기간의 하락 추세를 견디지 못하고 저점에 근접해서야 매도를 하고 만다. 이제 투자에 실패한 많은 사람들이 남기는 절절한 명언을 입에 올릴 준비가 되었다.

"이상하게 내가 사면 떨어지고 팔고 나오면 올라간다."

1차 목표수익률에 도달했을 때 과감하고 단호하게 팔고 나올 수도 있다. 그런데 목표에 도달하기도 전에, 최악의 경우 매수하자마자 하락한다면 어떨 것 같은가. 쉽게 팔지 못하는 게 사람 마음이다. 이럴 경우 수익은 작고, 손실은 커진다. 지나치게 단순화시킨 것 같지만 꽤 많은 투자자들이 이와 같은 패턴으로 실패한다.

'달리는 말'은 합당한 이유에 의해 상승하기도 하고 독자의 투자금을 노리는 세력의 장난일 때도 있다. 이걸 구분하는 유일한 방법은 기업을 보는 것이다. 그 정도는 누구나 보는 것 아니냐고 하겠지만 HTS에서 제공하는 간략한 기업 정보를 말하는 것이 아니다. 공시, 뉴스, 홈페이지 등 최소한 공개되어 있는 정보들은 꿰차야 '기업을 보고 투자를 했다'고 말할 수 있다. 그런데 이미 마음이 달싹거리고 있기 때문에 그럴 여유도 없고 본다고 해도 제대로 판단할 수 없다. 상승할 때는 탐욕의 색안경으로 보기 때문에 기업과 업종의 전망이 한없이 밝은 것처럼 보인다. 그러다가 하락하면 탐욕의 색안경이 공포의 색안경으로 바뀌면서 투매를 하게 되는 것이다.

증권가에는 '버스를 보내면 택시가 오고 택시를 보내면 KTX가 오고 그것도 보내면 비행기가 온다'는 말이 있다. '달리는 말'은 다시 만나기 힘든 기회처럼 보인다. 꼭 잡고 싶지만 내 몫이 아닌 기회는 흘려보낼 줄도 알아야 한다. 그래야 내가 아는 기회를 잡을 수 있다. 같은 기회라 해도 내가 알지 못하면 독이 될 수 있다.

다른 상점보다 가격이 지나치게 싸다면 물건의 품질을 의심해 봐야 한다. 투자만 해 놓으면 몇 배로 뻥튀기되는 건 시간문제라고 하는 사람이 있다면 일단 사기꾼이 아닌지 의심해 봐야 한다. 헤지 기능에 그쳐야 할 파생상품으로 돈을 벌겠다는 것이나, 수급에 따른 일시적인 등락을 이용해 수익을 내겠다는 단기투자는

투자라기보다는 투기에 가깝다. 투기의 말로가 몰락임은 역사가
증명하고 있다.

사회적 증거의
법칙의 함정

　1964년 뉴욕에서 미국 사회 전체를 발칵 뒤집어 놓은 살인사건이 있었다. 피해자는 일을 마치고 집으로 돌아가던 제노베스라는 20대 여성이었다. 살인자는 30여 분 동안 피해자를 따라다니며 칼로 3번이나 찔러 살해했다. 끔찍한 사건이긴 하지만 이 정도의 일이 사회 전체의 이슈가 되지는 않았다. '평범한' 살인사건으로 끝날 뻔했던 일은 우연히 사건의 진상을 알게 된 s 뉴욕타임스 t 기자에 의해 세상에 알려졌다.

　피해자가 비명을 지르며 30분 동안 달아나다 끝내 목숨을 잃은 장소는 인적이 드문 뉴욕의 뒷골목이 아니었다. 그녀가 살인자에게 쫓기는 동안 무려 38명의 목격자가 있었다. 비명을 듣고 집의 불이 켜지자 살인자는 두 번이나 숨었지만 아무도 나타나지 않았다. 그리고 목격자 중 누구도 경찰에 신고하지 않았다. 직접 나가서 무슨 일인지 알아보는 건 위험을 감수해야 한다. 하지만 경찰에 신고하는 데는 위험이 없다. 그런데도 왜 목격자들은 신고하지 않았을까?

도시화의 부작용으로 타인에 대한 무관심이 극에 달했다는 설명은 쉽고 편리하다. 당시 미국 사회에서도 그런 한탄들이 쏟아져 나왔다. 그러나 사건을 면밀하게 분석한 라타네와 달리라는 두 명의 심리학자의 생각은 달랐다. 목격자들이 신고를 하지 않은 이유는 타인에 대한 무관심이 아니라 책임감의 분산 때문이라는 것이다. 목격자들은 다른 집 불도 켜졌으므로 자신이 아니더라도 누군가 신고를 했을 거라고 짐작했음이 나중에 밝혀졌다.

두 번째 원인은 사회적 증거를 찾는 사람의 심리였다. '그런 것 같지만 확실하지는 않은 상황'에 직면했을 때 사람들은 다른 사람들의 반응을 살피는 경향이 있다. 만약 사람들이 자주 지나다니는 길에 양복을 입는 남자가 쓰러져 있다고 하자. 가까이 가서 확인하지 않는 한 취객인지 아픈 사람인지 알 수 없다. 이런 상황에서는 '만약 아픈 거라면 다른 사람이 도와주었을 거야'라고 생각한다. 그러나 인적이 드문 산길이었다면 정확한 상황을 확인했을 것이다.

두 번째 원인을 로버트 치알디니라는 심리학자는 사회적 증거의 법칙이라고 했다. 어떤 판단을 해야 하는데 확실한 정보나 확신이 없을 때 다른 사람들의 생각이나 반응을 보고 따르려는 심리다. 손님이 없는 식당보다는 손님이 가득 찬 식당으로 가고 서점에서 어떤 책을 읽어야 할지 모를 때 베스트셀러 중 한 권을 고르는 것이 그 예다.

우리는 매사에 판단을 하면서 살아간다. 직장인의 난제 중 난제인 점심 메뉴에서부터 일생일대의 선택인 배우자까지 조금이라도 나은 판단을 하기 위해 크고 작은 애를 쓴다. 인생의 중대한 결정일 때는 몇 날 며칠 밤을 새우며 막대한 에너지를 투입한다. 우리가 잘 인식하지 못해서 그렇지 작은 일을 결정할 때도 에너지는 소모된다. 사회적 증거를 찾는 것은 판단에 투입되는 시간과 에너지를 줄여 주는 등 유용한 측면도 많지만 부작용도 만만치 않다.

다른 일들은 내버려두고 그 부작용이 주식시장에서는 어떻게 나타나는지만 살펴보자. 예를 들어 마트에 갔다가 한 기업의 제품이 잘 나간다는 이야기를 판매원에게 들었다고 하자. 집에 와서 기업의 내용을 살펴보니 재무구조도 튼튼하고 배당성향도 높은 편이다. 그런데 주가를 봤더니 생각보다 낮고 무엇보다 거래량이 많지 않다. 이럴 때 올바른 판단은 무엇일까.

사회적 증거의 법칙에 따르면 과감하게 잊어야 한다. 실제로 많은 투자자들이 '주가가 낮은 데는 다 그만한 이유가 있을 거야. 그러니까 투자자들이 관심을 가지지 않는 거야'라고 생각하면서 다른 종목을 찾는다. 여기서 그치면 그나마 다행인데 이후에 사람들이 관심을 가지고 주가가 상승하면 '역시 내 눈은 정확해'라면서 고점 매수를 한다.

사회적 증거에 따른 최악의 판단은 그다지 매력적이지 않은 종목인데도 사람들이 몰리면 다 그만한 이유가 있을 거라며 매수하는 것이다. 실제로 독자께서 미처 발견하지 못한 요소가 있을지도 모른다. 그러나 그걸 알지 못하면 매수하지 말아야 한다.

괜찮은 기업의 주가가 낮을 때 적절한 대응은 조금 매수한 뒤에 공부를 시작하는 것이다. 막연히 뭔가 이유가 있을 거라며 포기하기보다는 주가가 낮은 이유가 오해인지 아니면 타당한 이유가 있는지, 거래량이 적은 이유는 또 무엇인지 시간을 두고 조사를 해야 한다. 공시, 신문기사, 주식 관련 사이트의 게시판 등 인터넷으로 찾을 수 있는 정보를 찾아보고 공개되어 있지 않은 자료가 있거나 잘 모르는 내용이 있다면 주식담당자에게 전화나 메일을 보낼 수도 있다. 그렇게 몇 개월 공부한 이후에 저평가라는 판단이 서면 보유량을 늘려가면서 기업의 성장 추이를 지켜보면 된다.

주식은 가능한 한 저가에 매수하는 것이 좋다. 분할 매수를 하면서 안전하게 평균 매입 단가를 낮춰야 하는데 사람들의 입길에 오르내리고 있다면 저가라고 보기 어렵다. 한두 달 전에 비해 상승을 많이 했더라도 기업의 가치가 더 높다면 아직도 저가라고 할 수 있다. 그러면 달리는 말에 타고 싶은 욕심이 생기는데 그러다가 낙마사고가 일어난다. 누누이 강조하지만 버는 투자보다 잃지 않는 투자가 먼저다. 원금 손실이 생기면 본전 생각이 나면서 마음이 급해진다.

대표적인 실패 패턴 중 하나가 남들 살 때 사고 남들 팔 때 파는 것이다. 주식투자를 하면서 사회적 증거를 찾으면 남들 뒤꽁무니나 쫓아다니면서 손실을 볼 가능성이 높다. 저점에 매수하려면 사회적 증거와는 반대로 가야 한다. 한때 유행했던 광고의 카피처럼 모두가 "아니오"라고 할 때 "예"라고 할 수 있는 용기가 필요하다.

상점에 가서 "어떤 게 잘 나가요?"라고 물어볼 땐 그 물건을 모른다는 뜻이다. 서점에 가서 베스트셀러만 찾는 사람은 자신에게 맞는 책이 무엇인지 모른다는 뜻이다. 무엇에 쓰는지도 모르는 물건을 사람들이 산다고 따라 살 수는 없다. 반대로 꼭 읽고 싶은 책을 사러 갔다가 지난 1년 간 딱 1권 팔렸다는 서점 직원의 말을 듣고 그냥 돌아 나올 수는 없다.

외환위기와 글로벌 금융위기 때를 보라. 모두들 공포에 휩싸여 투매를 했다. 그러나 경제의 흐름을 읽고 저가에 매수한 뒤 기다린 사람들은 큰 수익을 보았다. 용기를 가지려면 담만 커서는 안 된다. 근거 없이 담만 클 때, 우리는 그를 무모한 사람이라 부른다. 자기만의 기준을 세우고 기업이 그 기준에 부합하는지를 시간을 두고 면밀하게 살폈을 때라야 진정한 용기가 생긴다.

기업을 분석하고 동행하는 데는 시간이 걸린다. 그러면 당연히 '공부를 하고 있는 와중에 주가가 올라 버리면 어떻게 하는가'라는 질문을 할 수 있다. 나의 경우 매도하고 빠져나온다. 내 몫이 아니라고 생각하기 때문이다. 현재의 직업을 생각해 보자. 그 일을 할 수 있는 자격과 능력을 갖추기 위해 얼마나 많은 시간과 노력을 들였는가? 입사를 한 뒤에도 열심히 일했고 그 사이에도 업무 능력을 올리기 위해 공부를 했다. 직장인은 그런 노력 끝에 월급을 받는다. 다시 말해, 긴 시간과 각고의 노력을 통해 월급이라는 수익을 얻는 것이다.

주식투자도 그렇다. 공짜로 생기는 돈이 아니다. 노력과 수익이 항상 비례하지는 않지만 노력 없이는 결코 수익을 얻을 수 없는 곳이 주식시장이다. 신입사원에게는 그에 맞는 월급이 있듯이, 투자 초보자도 그에 맞는 수익을 생각해야 한다. 엊그제 주식투자를 시작했으면서 산전수전 다 겪은 고수들보다 더 많은 수익을 내려는 것 자체가 난센스다.

주식시장 구성원의
속사정을 파악하라

가족끼리는 속는 줄 알면서도 믿어 주는 것이 미덕이다. 친구 사이에서는 적당히 넘어가 주는 맛도 있어야 한다. 하나하나 꼬치꼬치 캐묻고 따지다가는 관계가 깨진다. 그러나 주식시장에서 그와 같은 믿음을 주면 원금이 깨진다. 의심을 판단의 근거를 모으는 과정이라 생각하고 늘 '왜'라는 질문을 던져야 한다. 그래야 그들의 속사정을 알 수 있다.

주식시장의 주체는 투자자와 기업, 그리고 그 둘을 연결해 주는 증권사로 이뤄져 있다. 여기에 이들을 감독하는 금융감독원을 비롯한 관계 기관, 새로운 소식을 알려주고 투자 상담까지 해

주는 방송과 신문이 연결되어 있다. 기업에 대해서는 나중에 지겹도록 다룰 것이니 미뤄 두고 여기서는 증권사와 언론에 대해서만 이야기하자.

주식투자를 한 지 꽤 된 분들 중에는 증권사 소속의 애널리스트에 대한 이유 있는 적개심을 가진 분들이 적지 않다. 어떤 종목에 대한 리포트를 작성하면서 '매수' 의견을 냈는데 그때가 꼭짓점이었단 것이 그 이유다.

실제로 애널리스트들이 고점에서 매수를 외치는 일은 빈번하다. 어떤 투자자들은 애널리스트가 매수 리포트를 내면 매도를 하기도 한다. 거기에 무슨 의도가 있다고 상상하기는 어렵다. 애널리스트들은 데이터를 분석하고 기업 방문을 한 뒤에 리포트를 쓰지만 거기에는 늘 타임 랙, 즉 정보의 지체 현상이 있을 수밖에 없다. 반면 주가는 미래를 반영한다. 주가는 기업의 실적이 최고점일 때가 아니라 최고점을 앞두고 있다고 예견될 때 가장 높다. 최고점이 확인되면 그때부터는 일정 부분 조정을 받는다.

좀 가혹하게 이야기하면 애널리스트는 기업과 업종의 동향을 분석하는 사람이면서 동시에 증권사에 근무하는 샐러리맨이다. 샐러리맨으로서 그들의 업무는 리포트를 작성하는 것이다. 그런 관점으로 애널리스트의 보고서는 참고자료 중 하나라고 생각해야 한다. 나는 그들의 분석이 무의미하다는 주장을 하는 것이 아니다. 다만 액면 그대로 믿지 말고 '한 전문가의 관점'이라고 보자는 것이다.

또 하나 중요한 점은 기업에 대한 조사 결과가 나쁠 때는 보고서를 내지 않는다는 것이다. 그 종목을 살까 말까 고민하고 있는 투자자 입장에서 생각하면 괘씸하기 짝이 없다. 객관적인 척하면서 중요한 정보를 누락시키고 있기 때문이다. '말하지 않는 거짓말'도 결과적으로 거짓말이다. 그런데 해당 종목을 이미 보유하고 있는 투자자 입장은 또 다르다. 만약 애널리스트가 어떤 기업에 대한 의견으로 '강력 매도'를 내놓는다면 죽으라는 이야기와 다름없다. 애널리스트 나름의 고충이 있는 것이다.

애널리스트가 근무하는 증권사에 대해서도 알아야 한다. 결론부터 말하면 증권사는 투자자를 위해 존재하지 않는다. 현재 우리나라 증권사의 행태로 보면 투자자가 증권사를 위해 존재하는 것 같다. 증권사의 주 수입원은 매매 수수료. 장기투자가 정답임을 그들이 모를 리 없을 텐데, 그런 방향으로 유도하는 것은 눈을 씻고 찾아봐도 없다. 더 좋은 종목이 나왔다는 둥 하면서 매도와 매수를 부추긴다. 파생상품에 대한 거래세 부과에 가장 극렬하게 반대하는 곳이 증권사다. 투자자야 어찌 되건 말건 수수료만 챙기면 된다는 심산인 것 같다.

이제 언론으로 가 보자. 기자는 투자자에게 유용하고 중요한 정보를 제공해야 할 사명이 있다. 그러나 다른 한편으로 보면 그들 역시 직장인이고 기사를 작성하는 게 그들의 업무다. 어쨌든 기사를 생산해야 한다. 기자는 취재원과 불가근불가원不可近不可遠의 관계에 있어야 한다는 말이 있다. 너무 가까워서도 안 되고 너무 멀어서도 안 된다는 것이다. 주식과 관련된 경제증권부 기자의 취재원 중에는 증권사 애널리스트와 개별 기업의 홍보담당자도 있다. 기자는 애널리스트에게서 정보를 얻는다. 애널리스트는 연말에 기자들에게 평점을 받고 그것이 연봉협상의 근거 중 하나가 된다. 기자는 기삿거리가 필요하고 홍보담당자는 기사가 광고보다 효과가 좋다는 것을 알고 있다. 모든 기사가 이와 같은 사슬에 얽혀 나온 것이라고 주장하는 것은 아니다. 액면 그대로 믿지 말고 교차 확인이 필요하다는 뜻이다. '뉴스는 사실 그대로가 아니라 구성된 사실'이라는 것은 언론학 개론에도 나온다.

마지막으로 증권방송과 경제방송이 남았다. 다른 건 놔두고 종목 추천도 해 주고 보유 종목의 전망에 대한 상담도 해 주는 '전문가'들에 대해서만 이야기해 보자. 이들의 이야기를 듣다 보면 팔아야 할 종목도 참 많고 사야 할 종목도 참 많다. 종목을 추천해 주면서 얼마까지 상승하면 매도하고 얼마까지 하락하면 손절매하라고 한다. 장기투자를 권유하는 전문가를 본 적이 없다. 간혹 중장기로 보라는 말을 하긴 하는데, 대폭 손실을 입은 투자자의 상담을 받을 때다. 그럴 때조차 얼마까지 올라가면 손절매해서 비중을 줄이라고 한다.

그들은 늘 차트를 펼쳐 놓고 동그라미를 그려 가며 설명한다.

어제까지의 차트를 보고 설명하는 것을 듣고 있으면 한 치의 오차도 없이 딱딱 이론에 들어맞는다. 다만 내일의 주가는 모른다는 것이 문제다. 일단 상승할 거라고 예측을 한 다음 수급이 어쩌고, 다우지수가 어쩌고, 유럽이 어쩌고 하면서 빠져나갈 구멍을 만들어 둔다. 그리고 다음날 기가 막힌 분석을 또 한다.

그들은 왜 차트를 펼쳐 놓고 설명하고 단기투자를 유도하는 것일까. 기업의 본질 가치를 놓고 이야기하면 한두 번 말고는 새롭게 이야기할 거리가 없기 때문이다. 어쨌든 방송은 만들어야 하고 같은 말만 반복할 수 없으니 미래 예측 가능성을 믿든 믿지 않든 차트를 펼쳐 놓을 수밖에 없는 것이다. 만약 내가 그런 방송을 해야 한다면 '어제와 별로 달라진 것이 없습니다'라는 말을 주로 할 것이다. 새로운 내용은 한 달에 한 번 나오는 정도가 아닐까 싶다.

애널리스트와 전문가가 기업의 미래를 알고 주가를 예측할 수 있다면 왜 직장을 다니고 방송에 출연하는 것일까.

내 이야기는 여기까지다. 나머지는 독자께서 판단하시리라 믿는다. 마지막 당부는 제공되는 정보나 의견을 걸러서 봐야 하고 반드시 교차 확인해야 한다는 것이다.

프레임을 바꿔라

'도저히 이길 수 없는 싸움이다. 개인이 주식시장에 들어가는 것은 호랑이 입에 머리를 들이미는 짓이다. 개인은 기관이나 외국인에 비해 정보력도 떨어지고 같은 정보에 대한 분석력도 떨어진다. 거기다 그들은 막강한 자본력이 있다. 개인 대 개인으로 붙어도 지식과 현장 감각에서 뒤떨어지는데 기관은 그런 인력들이 넘쳐난다. 따라서 개미들은 절대로 주식시장에서 성공할 수 없다.'

이 의견에 전적으로 동의하는 사람은 주식투자를 하지 않을 것이다. 이들에게 주식시장은 외국인과 기관, 그리고 대주주를 위한 도박장 이상도 이하도 아니다. 가까운 사람이 주식투자를 한다고 하면 적극적으로 말리기도 할 것이다.

그러면 현재 주식투자를 하고 있는 사람들은 무슨 생각으로 이 불리한 싸움을 하고 있는 것일까. 한 사람 한 사람 붙잡고 물어본 적은 없지만 기관의 정보력이 더 뛰어나다는 사실을 부정할 개인투자자는 없을 것이다. 자금력은 두말할 나위도 없다. 덧붙여 개인은 자기 일을 해야 하지만 그들은 밥 먹고 하는 일이 주식이다. 투입하는 시간 역시 비교가 되지 않는다. 여기서 나는 독자께 질문을 던지고 싶다.

"주식시장에서 성공하기 위한 여러분의 무기는 무엇인가?"

총알이 빗발치는 전쟁터에 맨손으로 뛰어드는 투자자도 없지 않다. 이들은 시장을 만만하게 보니까 거칠 것이 없다. 관찰자로만 있을 때 시장은 만만해 보인다. 눈여겨보았던 종목은 모두 올랐다는 자신감이 있으나 기억에 오류가 있다는 건 알지 못한다. 인간의 두뇌는 자신에게 유리한 것만 기억하려는 속성이 있다. 자기 입장에서 기억을 편집하는 것이다. 친구들끼리 만나 오래전 학창시절의 사건을 이야기하면 각자 다르게 기억하고 있음을 알게 된다. 때로는 내가 기억하는 사건과 친구가 기억하는 사건이 같은 사건인지 의심스러울 때도 있다. 자만심에 가득 찬 사람의 두뇌는 하락한 종목을 기억하지 않는다. 한 종목 한 종목 '가상 투자 일지'를 기록해 보면 답이 나올 것이다.

기관, 외국 자본에 대한 열세를 인정하는 분들은 '따라하기 기법'을 사용하기도 한다. 외국인 지분율이 높아지면 뭔가 있다면서 매수를 하고 외국인 지분율이 줄어들면 역시 뭔가 있다면서 매도한다. 눈치 보기의 달인이 되어야 하는 셈인데 매일 장이 끝나고 매수매도 집계가 끝날 때까지 노심초사해야 한다. 그들도 일정 기간 동안은 사기만 하고 또 일정 기간에는 팔기만 하는 게 아니다. 눈앞에 있으면 눈치 보기가 쉬울 텐데 숫자만 보고 그들의 전략을 알아야 하니까 효과적인 무기는 될 수 없다.

그렇다면 개인은 무엇을 무기로 싸워야 할까. 기관, 외국 자본에 비해 개인이 유리한 점은 무엇일까. 나는 자유로움과 시간이라고 생각한다. 개인은 자기 기준에 들지 않는 기업을 찾을 때까지는 몇 년이고 투자하지 않아도 된다. 하지만 기관은 다르다. 언제나, 어디엔가는 투자를 하고 있어야 한다. 개인의 가장 큰 무기는 시간이다. 기관에서 투자를 결정하는 사람들은 매년 지수 상승 이상의 수익을 내야 한다는 압박감이 있다. 그러나 개인은 실제 매출이나 수익에는 변화가 없더라도 내부적으로 성장하고 있는 기업이라면 충분히 기다려 줄 수 있다.

그리고 정보력의 열세를 만회할 수 있는 방법은 자기 직업과 관련된 업종의 기업에 투자하는 것이다. 기관투자가의 정보력도 만만치 않지만 현장에서 몸으로 느끼는 업계 동향이라면 정보력에서 우위에 설 수도 있다.

개인투자자들은 싸움의 프레임을 바꿔야 한다. 그 해답은 주가의 본질에서 찾을 수 있다. 주식은 기업에 대한 지분이며 주가는 기업의 가치에 따라 결정된다. 그리고 기업의 가치가 상승하는 데는 시간이 필요하다. 이 뻔하디 뻔한 이야기를 나는 오래전부터 시작해 오늘날까지 하고 있다. 인생의 목적이 행복임을 잊고 살듯이 우리는 너무나 당연해서 아무도 이야기하지 않는 사실을 종종 잊어버린다. 인생의 목적을 잊고 살면 그에 상반되는 선택을 하게 되듯, 주식도 본질을 잊으면 잘못된 투자를 하게 된다.

우사인 볼트와 내기를 하면서 그 종목을 100미터 달리기로 하거나 스티븐 호킹과 퀴즈대회를 하면서 우주물리학 분야를 선택한다면 이길 수 있는 확률은 얼마나 될까. 제로라고 해도 무방하다. 마찬가지로 기관, 외국자본과 싸우면서 정보력으로 승부해서는 안 된다. 정보는 시간이 지날수록 효용성이 점점 떨어진다. 그리고 개인에게는 시간이 있다.

나는 계속해서 싸움이라는 용어를 사용했지만 사실 주식투자는 누군가와 싸우는 것이 아니다. 이 싸움에 이겼을 때 생기는 전리품이 투자수익이 아니라는 말이다. 만약 주식투자가 싸움이고 그 전리품이 수익이라면 패자는 누구이고 전리품은 누구의 돈인가. 내 이웃의 돈일 가능성이 높다.

조지 소로스는 자신은 통용되는 규칙에 따라 투기를 했을 뿐이니 도덕적인 기준으로 평가하지 말라는 말을 했다. 투기든 뭐든 돈만 벌면 된다는 생각인 모양이다. 물론 그의 투기행위는 불법이 아니다. 또한 단기투자도 파생상품도 엄연히 제도의 틀 안에서 움직인다. 그는 불법 여부만 따질 뿐 도덕적인 잣대를 대지 말라고 했다. 하지만 나는 도덕적인 질문을 하고 싶다. 투기란 위험한 투자를 해서 단기간에 고수익을 올리고자 하는 것만을 뜻하지 않는다. 기본적으로 투기에는 제 가치 이상의 거품이 끼어 있다. 따라서 반드시 거품이 꺼질 때 피해를 보는 사람이 있다. 다른 사람이 피해를 보든 말든 상관없다는 말인가? 투자를 하라고 강요하지 않았으니 스스로의 판단에 책임을 지라고만 하면 그만인가?

나는 그렇게 생각하지 않는다. 그렇게 생각하지 않고도 주식시장에서 남들이 부러워할 만큼의 수익을 내고 있다. 주식투자의 수익은 나의 투자금, 기업 구성원들의 노력, 그리고 시간이 만들어 내는 결과물이다.

어쩌면 우리가 싸워야 할 대상은 내 이웃의 투자자, 기관, 외국자본이 아니라 자기 자신인지도 모른다. 짧은 시간에 많은 수익을 내겠다는, 노력 이상의 돈을 벌겠다는 탐욕, 주가가 하락할 때의 공포 등이 우리가 싸워야 할 대상이다. 긴 안목과 우리 경제에 대한 믿음이 주는 담대함이 주식투자자가 갖춰야 할 첫 번째 덕목이다.

주식투자 성공요건 3가지

필자는 주식투자를 업業으로 삼고 있다. 1987년부터 2001년 까지 14년간 대신증권, 교보증권 등 제도권에서 근무했고, 1997 년부터 2년 동안 교보증권 압구정 지점장으로 일했다. 그러나 보다 큰 뜻을 품고 2001년 제도권에서 과감히 벗어나 지금까지 전문 투자자로서 의욕적으로 활동하고 있는 자칭 '주식농부' 혹 은 '주식농사꾼'이다.

오늘날 주식투자는 IT의 발달과 함께 시스템화되었고, 정보의 접근이 용이해지고 신속해짐에 따라 누구나 쉽게 접근할 수 있는 투자수단이 되었다. 증권사들이 제공하는 홈트레이딩시스템HTS 을 통해 집에서도 버튼 하나만 누르면 쉽게 매매를 할 수 있게 된 것이다. 하지만 이 때문에 주식투자가 단순히 유가증권을 사고 파는 행위로 여겨지게 된 것은 아쉬운 점이다. 바로 이 점이 일반

투자자가 주식투자로 성공하기 어려운 요인 중의 하나다.

적절한 시기에 적절한 자금으로 가장 가능성이 높은 기업에 투자를 하면 그 이후 투자한 기업의 성과 여부에 따라 투자성적표는 다르게 나타난다. 어떤 기업에 투자할 것인가. 투자 기업을 선정하는 작업이 가장 어렵다.

주식투자로 성공하기 위해 가져야 할 기본적인 자세와 태도를 3가지만 논해 보자. 적어도 주식투자로 성공하기 위해서는 다음과 같은 자세가 꼭 필요하다고 본다. 그것은 투자 기업을 자신의 회사라고 여기는 주인의식, 투자한 회사와의 꾸준한 의사소통, 여유자금을 통한 중장기 투자 등이다.

먼저, 투자자는 본인이 그 회사의 주인이라는 관점에서 출발해야 한다. 해당 기업의 주식을 매수해서 팔 때까지 '주인'의식을 갖고 의사결정을 하면 실패할 확률이 줄어든다. 우리는 어떤 상품을 구매하려 할 때 이것저것 따지면서 신중하게 행동한다. 물론 충동구매할 때도 있지만 그럴 때마다 후회하기 십상이다.

주식투자에도 뇌동매매라는 것이 있다. 하지만 뇌동매매자는 십중팔구 실패한다. 주식투자도 부동산투자와 마찬가지로 신중에 신중을 기하고 자신이 그 회사에 들어가 산다는 마음으로 주인의식을 가져야만 기업이 잘되는지 안되는지 알 수 있다. 방관

자적 관점이 아닌, 주인 입장에서 적극적인 관점으로 기업을 살펴봐야 한다는 의미다.

둘째, 투자한 회사와 꾸준히 소통해야 한다. 기업에 투자해 놓고 주가가 오르기만을 기다린다거나 어떻게 되겠지 하고 팔짱만 끼고 있으면 이는 투자자의 소임을 다하는 자세가 아니다. 반드시 회사와 피드백하고 소통해야 한다.

소통하는 방법은 여러 가지가 있다. 직접 회사를 탐방해 경영진이나 종업원들과 대화해 보거나, 또는 생산현장을 방문하여 회사 상황이나 상태를 관찰하는 방법이 있다. 이 밖에 전화 탐방이나 각종 분석자료를 수집하여 투자 회사를 아는 방법도 있다.

필자는 시장조사나 경쟁업체 방문을 통해, 또는 회사 제품을 소비자의 관점에서 구매하여 사용해 보고 회사 경쟁력을 평가하기도 한다. 자주 보고 관찰하다 보면 기업의 상황을 파악하기란 그리 어렵지 않다. 이러한 과정은 회사의 경영성과를 분석하는 데 필수적이며, 투자시기를 조율하는 중요한 과정이기도 하다.

마지막으로, 여윳돈으로 투자해야 한다. 느긋하게 장기투자를 하기 위해서다. 단기자금으로 투자하면 여유를 가질 수 없다. 이는 너무나 당연한 이치인데도 상당수 투자자들은 단기투자에 급급해 판단을 흐리거나 욕심을 과하게 부려 쓴맛을 보곤

한다.

주식투자는 가능한 여유자금으로, 또 중장기적으로 하는 것이
유리하다. 기업의 경영성과가 하루아침에 이루어지는 것이 아니
기 때문이다. 우량한 기업 중에는 유동성이 부족한 경우가 더러
있는데, 이들 기업에 투자하기 위해서는 인내가 필요하다. 이밖
에 경영자의 능력과 회사에 대한 애정, 의지, 비전 등을 파악하기
위해서도 긴 시간이 필요하므로 중장기적 관점에서 투자할 수 있
는 여유자금은 수익률 배가의 지름길이다.

주식투자는 사업이다. 대리경영을 통해 사업을 한다는 자세로
투자회사를 선정하고 해당 기업과 꾸준히 소통해서 투자 여부를
결정해야 한다.

필자는 투자할 기업을 길게는 3~4년 가량 관찰하고 투자를
결정하기도 한다. 잘 모르는 기업은 절대 투자하지 않는다. 여러
가지 투자 대안 중에서 확신이 가는 회사만을 고른다. 고집처럼
보일지 모르겠으나, 한 번 결정하면 '여반장 투자'가 아니라 '무
소의 뿔처럼 혼자서 가는 투자'를 하는 스타일이기 때문이다.

필자가 주식투자로 어느 정도 성공의 반열에 오를 수 있었던
것은 위기를 기회로 만든 덕분이 아니었나 싶다. 위기를 기회로
만들 수 있었던 것은 끊임없이 준비하고, 관찰하며, 소통했기 때

문이다. 준비된 기업에겐 항상 위험이 도약할 수 있는 기회가 되듯이 말이다.

2001년 9·11 테러 때가 그랬고 2008년 9월 미국 투자은행IB 리먼 브라더스의 파산신청 때도 그랬다. 지금도 위기는 진행되고 있지만 반드시 극복될 것으로 확신한다. 단지 생활 패턴이나 산업 패러다임이 변할 뿐이다. 투자자 입장에서 보면 어느 때보다도 기회가 많다.

작년에 필자도 많은 어려움을 겪었다. 직접 오프라인 사업장을 운영하고 있지는 않으나 실제 회사의 경영진 이상으로 힘들고 가슴 아팠다. 하지만 공동 운동체라는 명분 아래 투자를 늘렸던 것이 나에게 큰 부를 안겨줬다.

한 나라의 시장경제가 발전하여 '국민리복國民利福'이 되기 위해서는 자본주의 시장체제, 그중에서도 핵심인 주식시장이 아름답게 꽃피워야 한다고 생각한다. 그래야만 양질의 자금이 기업으로 흐르고 기업은 그 자금을 성장의 밑거름으로 활용하여 경영 성과를 내고 그 결실을 종업원과 투자자와 정부가 골고루 나눠 가질 수 있기 때문이다.

이 점에서 필자는 우리의 자본주의 시장체제에 늘 감사하고, 기업인을 존경한다. 주식투자를 하는 사람이라면 늘 이런 생각과 자세를 가져야 하지 않을까.

사람들은 주식투자로 돈을 쉽게 벌 수 있다고 생각한다. 하지만 주식투자처럼 어려운 것이 없다. 주식투자가 쉽다면 주식을 전문으로 하는 증권사 직원이나 자산운용사 등 증권업계 직원들은 하나 같이 부자여야 할 것이다. 그러나 그렇지 않은 것이 현실이다. 왜냐하면 증권회사에 근무하는 직원조차도 주식시장의 매커니즘을 잘못 이해하고 있는 경우가 많기 때문이다.

어려운 시기일수록 기본에 충실해야 한다. 주식투자에 성공하기 앞서 원칙에 입각한 투자의 자세와 감사하는 마음을 갖는다면 이미 50퍼센트는 수익을 내고 시작하는 것이다.

_《한국경제》, 2009.06.10

제**2**장

황금 같은
투자 기회는
생활 속에 있다

뉴턴 이전에도 사과가 떨어지는 것을 본 사람은 있었다.
그러나 대부분은 일상에 길들여졌기에 의문을 제기하지
않았다. 몇몇 사람들은 '왜 떨어질까' 하는 호기심을
가졌겠지만 이론으로 정리할 지식이 없었을 것이다.
뉴턴에게 우리는 투자자의 눈을 갖기 위한 힌트를 얻을 수
있다.

일상적이지 않은 눈으로
일상을 바라보는 것,
그리고 거기서 변화를 발견하고
해석할 수 있는 지식이다.

노력은 두 가지 요소 모두에 필수적이다.

종목 선정의
특별한 비밀

탐욕과 공포에 대한 마음의 준비를 했다면 실제 주식투자의 첫 번째 관문은 종목 선정이다. 좋은 기업에 투자를 해야 담대한 마음으로 기다릴 수 있다. 처음에는 지인이 투자한 종목에 들어가기도 할 것이고 증권사의 추천이나 애널리스트의 보고서를 참고할 수도 있다. 그러다가 시간이 지나면 스스로 선택한 종목에 투자하는 비중을 높여 갈 것이다. 자기 나름의 기준이 서기 시작하면서 본격적으로 좋은 종목을 선정하는 특별한 비결이 없을까 고민하게 된다.

그런 고민 끝에 몇몇 방법을 찾아내게 되고 여기에 따라 투자를 하는데 결과가 신통치 않다. 그런 분들의 증상은 투자설명회 등에서 다음과 같은 질문으로 나타난다.

"좋은 종목 하나만 찍어 주세요."

"○○ 종목에 투자했는데 어떻게 될까요?"

그럴 때마다 대답하기가 참 곤혹스럽다. 나는 종목 추천을 꺼리는 편이다. 미래의 모든 일이 그렇듯, 주식투자에도 100퍼센트 확실한 종목은 없다. 나도 손절매하고 나오는 종목이 있다. 또 하나의 이유는 투자방식의 차이 때문이다. 나는 길게 기다리는 데 반해 추천을 요구하는 분들은 금방 오르기를 원한다.

기업이 성장을 위한 에너지를 축적하고 있을 때 대외 변수 등에 의해 주가등락이 생긴다. 하락할 때 매도했다면 나는 뜻하지 않게 자산 손실에 일조한 셈이 된다. 내가 투자한 종목들은 지분 5퍼센트를 넘기는 등의 이유로 공개된 것이 많다. 다시 말하면 답답한 청중들을 위해 별도의 추천 종목을 쟁여두고 있지 않다는 말이다.

종목의 전망을 물어볼 때는 더 당혹스럽다. 나는 내가 투자한 종목을 공부하지 전 종목을 공부하지 않는다. 반드시 긍정적인 답변을 해야 한다면 '한 2~3년 공부하고 소통한 다음에 알려 드릴게요'라고 말한다.

몇 개월 전에는 이런 일도 있었다. 포트폴리오를 조정하면서 A라는 기업에 투자를 시작했다. 농부의 관점으로 보면 막 파종을 한 시점이었다. 볍씨가 좋다고 판단하고서 투자를 한 것이다. 공부도 하고 기업 방문도 하고 했는데 내가 생각했던 거랑 달랐다. 나중에 다시 이야기하겠지만 기본적으로 소통에 문제가 있었다. 그래서 팔고 나왔는데 주식 관련 사이트의 종목 토론방에 '주식농부라고 하더니 단타쟁이였군'이라는 비난의 글이 올라 있었다. 글을 쓴 분은 내가 투자한 걸 보고 들어왔을 수도 있다. 그렇다고 해도, 미안한 이야기지만 스스로 책임을 져야 한다. 내가 3~4년 보유하고 있는 종목이라도 마찬가지다.

기업은 생물과 같아서 긍정적이든 부정적이든 지속적으로 변화한다. 기업이 내가 생각한 것과 다르게 간다면 언제든지 팔고 나올 수 있다. 때로는 개인적인 자금 사정으로 매도하기도 한다. 얼마 전 국내기업에 워런 버핏이 투자를 해서 화제가 된 적이 있는데, 그렇다 하더라도 스스로 판단한 뒤에 매수를 해야 담대할 수 있다.

종종 내가 종목을 선택하는 특별한 방법이 있을 거라고 생각하는 분을 만난다. 증권사 직원이나 지인들에게 추천받은 종목도 있지만 보유하고 있는 종목 상당수는 일상생활에서 찾은 것이다. 그중 하나가 투자금의 약 3배의 수익을 안겨 준 '고려개발'이다. 3배라고 하니 눈이 번쩍 뜨일 테지만 2001년 봄부터 매수하기 시작해 2004년 가을에 매도했다. 고려개발은 투자 스토리가 흥미진진해 내가 자주 거론하는 종목이다.

이야기는 1990년대 말부터 시작된다. 당시는 외환위기 이후 IT 붐이 대단했다. 자고 일어나면 수백 퍼센트의 수익을 냈다는 소식이 들려왔다. 너도나도 돈을 들고 테헤란밸리로 몰려들었고 그럴수록 거품은 점점 더 커져 갔다. 거품은 언젠가 터지기 마련이고 희한하게도 깡통을 차는 투자자들은 늘 뒤늦게 소식을 듣고 몰려든 개인들이다. IT 버블이 붕괴되자 시중에 풀려 있던 풍부한 자금은 새로운 투자처를 찾았다. 새로운 투자처는 다름 아닌 부동산이었다. 10여 년 전 일이라 기억이 나지 않을지도 모르지만 이는 은밀한 정보가 아니었다. 아래 기사는 1999년 11월 《연합뉴스》의 기사 중 일부다.

내년 중 아파트 등 주거용 건설투자는 최근의 주택경기 회복에 힘입어 지난해 같은 기간보다 9.2퍼센트 증가한 25조 1960억 원에 이를 것으로 전망됐다. 이에 따라 주거부문과 비주거, 토목부문을 합친 전체 건설부문 투자는 모두 81조 3452억 원으로 작년보다 4.8퍼센트 증가할 것으로 예측됐다.

(중략)

건교부는 내년 중 주택경기 동향이 건설경기 동향에 가장 중요한 변수가 될 것이라면서 그러나 전반적인 경기가 상승세를 타고 있는 만큼 올해에 이어 내년에도 낙관적인 기조가 이어질 것이라고 말했다.

국토연구원은 또 내년 중 전체 건축허가 면적은 전반적인
경기회복에 편승, 올해보다 23.1퍼센트 증가하고 이 가운데
아파트 등 주거용 건축허가는 올해보다 26.1퍼센트, 공업용
건축허가는 18.9퍼센트 각각 증가할 것으로 내다봤다.

　　건교부와 이들 연구원은 "내년부터 선행 건설경기 지표가
회복단계에 접어들 것"이라면서 그러나 본격적인 회복국면은
오는 2001년부터 맞을 수 있을 것이라고 설명했다.

　　당시에는 부동산 경기 활성화를 예상하는 기사가 많았고 부
동산중개업소가 급증하고 있다는 기사도 나왔다. '투자 정보'라
는 이름만 달지 않았을 뿐 부동산에 투자 기회가 있다는 정보들
이 넘쳐났던 것이다. 그렇게 보면 부동산을 개발하는 건설사의
전망 역시 밝은 것이 된다. 나는 안정적이면서 투명한 건설사를

[표3] **고려개발 손익 및 투자지표 추이**　　　　　　　　(단위:억 원, 원)

구분	2000	2001	2002	2003	2004
매출액	3,317	3,264	3,301	3,855	5,453
영업이익	324	215	176	274	509
순이익	176	108	113	184	307
EPS	2,933	1,800	1,883	2,922	2,558
BPS	21,116	22,500	24,133	30,342	18,000

출처 : 전자공시시스템(DART)

찾았고 고려개발이 조건에 맞았다.

　고려개발은 1980년대 후반에 거제도 고현만을 매립하던 와중에 자금흐름이 나빠져서 부도를 맞은 적이 있었다. 이후 워크아웃을 거쳐 투명한 회사로 거듭났다. 내용을 봤더니 부동산을 많이 소유하고 있었다. 고현만을 비롯해 천안에 27만 평의 온천개발지가 있었고 용인에도 땅이 있었다. 부동산 경기가 나쁠 때는 이것들이 짐이지만 좋을 때는 개발해서 팔면 수익이 난다. 문제는 이 땅들이 개발가치가 있는 위치에 있느냐는 것이었다.

　요즘은 주소만 입력하면 지도, 하늘에서 찍은 사진, 주변 길거리의 상점 간판까지 다 볼 수 있다. 만약 그때 사무실에 앉아서 다 볼 수 있었다고 해도 나는 현장에 갔을 것이다. 세상에는 서류만으로는 결코 알 수 없는 것들이 있다. 현장이 아니면 알 수 없는 뭔가가 있다. 어쩌면 결정적인 승부는 거기서 나는 게 아닌가 싶다.

＿＿＿＿＿ 위기에서 기회를 보는 법

　내가 3년을 넘게 보유하고 있었다고 하면, 사람들은 그 긴 시간을 어떻게 참았느냐고 묻는다. 차트를 보면 마지막 상승 기간을 빼고는 비교적 잔잔한 흐름을 보인다. 그렇게 보이는 이유는 월 단위 그래프이기 때문이다. 2001년 3월에 3000원대부터 매수를 시작했는데 6월 말에는 종가 기준으로 7000원대 중반까지 갔었다. 그러다가 조정의 시기가 오면서 4900원까지 빠졌다. 하루하루 주가창만 보고 계셨던 분이라면 천당과 지옥을 수백 번 오갔을 흐름이다.

그 시간을 어떻게 참았느냐고 한다면 나는 참지 않았다. 정확하게 말하면 참을 시간이 없었다. 주가창을 보는 분들이 천당과 지옥을 오가는 사이 나는 현장을 오갔다. 본사는 물론이고 고현만에도 3번을 갔다. (고현만 땅에는 지금 거가대교가 지나가고 있다.) 천안과 용인은 몇 번 갔는지도 모른다. 어떤 때는 낮에 갔고, 어떤 때는 저녁에도 갔다. 가서 땅만 보고 오지 않았다. 공사현장에서 일하시는 분들과 회도 먹고 폭탄주도 마셨다. 식당에 가서 밥을 먹으면서 소문을 들어 보았다. 보통 개발이 되면 오래전부터 소문이 돌기 마련이다.

인근 절에 가서 마음도 달래고 주지 스님을 만나 주변에 대해 물어보기도 했다. 스님들 중에는 중생들의 고민을 들어주는 분이 많고 중생들은 부동산과 관련된 상담도 한다. 나도 스님께 속세의 일을 상담하면서 마음의 평안을 얻는 사람 중 하나다. 3년이란 시간은 주가창을 들여다보면서 지내기에는 영원처럼 길고 고통스러운 시간이지만 소통하고 조사하고 현장답사까지 하는 데는 그리 긴 시간이 아니다.

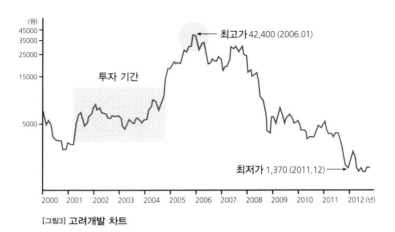

[그림3] **고려개발 차트**

　　고려개발 투자에서 최고의 위기와 기회는 9·11테러였다. 4900원까지 떨어졌던 주가가 7000원대 중반까지 재상승하던 시점에 테러가 터지자 다시 내려앉기 시작했다. 당시만 해도 나는 한 증권회사의 투자전문위원으로 근무하고 있었다. 내 '자문'을 받고 고려개발을 샀던 고객들은 서로 먼저 팔아 달라고 아우성이었다. 고려개발뿐 아니라 다른 종목 보유자들도 하루라도 빨리 팔수록 이익이라고 생각하던 시기였다. 나는 자금사정이 허락하는 한도에서 쏟아져 나오는 물량을 받았다. 9·11테러 이후 4900원대까지 하락하던 주가는 9월 21일부터 반등하기 시작했다. 그리고 약 3년 뒤인 2004년 1만 2000원대부터 시작해 1만 5000원까지 매도했다.

　시간이 지나서 '전지적 투자자 시점'에서 보면 주식투자만큼
쉬운 것도 없다. 내가 고려개발에 투자한 것을 '2001년에 평균
5000원대에 사서 3년 남짓 기다렸다가 1만 5000원에 팔았다'
고 정리할 수도 있다. 나는 독자께서 세 배를 벌었다는 데 관심
을 두지 말고 3년에 주목해 주었으면 한다. 투자 기간 동안 뉴욕
을 상징하는 건물이 무너졌다. 2002년 초에는 8350원까지 갔던
주가가 2003년 봄에는 다시 4000원대 중반까지 떨어졌다. 나는
왜 거의 70퍼센트의 수익이 났던 8000원대에 팔지 않았을까? 그
리고 왜 다시 4000원대까지 떨어졌을 때 공포에 질린 다른 투자
자들처럼 팔지 않았을까?

　미래를 놓고 확실하다고 말할 수는 없다. 그러나 미래에 대한
확신을 가질 수는 있다. 내가 공포에 빠지지 않은 이유는 고려개
발에 대한 확신이 있었기 때문이다. 그리고 확신은 '발품'에서 비롯
된 것이다. 본사 직원들, 현장 직원들, 보유 부동산 주변의 주민들
을 만나면서 회사 직원들보다 회사 사정을 더 잘 알게 되었다.

　그래서 주가가 하락할 때도 일시적으로 저평가받고 있지만 결
국에는 원래 가진 가치만큼 평가를 받을 거라며 여유를 가질 수
있었던 것이다. 9·11테러 때도 일시적인 충격은 받겠지만 그 영
향이 오래 갈 거라고 보지 않았다. 내가 기업의 가치에 대한 확신
이 없었다면 '이러다 더 하락해서 그 상태에서 서서히 쇠락해 가

지 않을까' 하는 불안을 건디지 못하고 매도했을 가능성이 높다. 매도하지는 않았더라도 3여 년 동안 아주 고통스러운 시간을 보냈을 것이다.

⎯⎯⎯ 아는 사업에 투자하라

나는 고려개발의 가치를 2만 원까지 보았다. 하지만 그 전에 매도하기 시작한 데는 그만한 이유가 있었다. 9·11테러의 충격이 끝나고 주가가 6000원대에 이르렀을 때 유상증자를 했다. 증자 규모는 300억 원으로 자본금과 똑같았다. 일반적으로 유상증자는 나쁜 신호인 경우가 많다. 잦은 유상증자는 부도의 신호로 읽히기도 한다. 기업에 돈이 없다는 신호일 수도 있고 그렇지 않다 하더라도 이익이 일정한 상태에서 자본금이 커지면 주식의 가치가 희석되기 때문이다.

증자 이후 고려개발은 기업설명회IR를 열심히 하고 기관세일을 하는 등 주가 부양을 위해 노력하는 것 같았다. 6000원대에 있던 주가는 1만 2000원으로 오르더니 나중에는 4만 원대까지 갔다.

더 많은 수익을 낼 수 있었는데 매도를 했으니 결과적으로 보면 잘못 판단한 것이 맞다. 그러나 이것 역시 '전지적 투자자 시점'으로 보기 때문이다. 자본금이 두 배로 늘어난 상태에서 기업

[표4] KCC건설 손익 및 투자지표 추이

구분	2003	2004	2005	2006	2007
매출액	4,473	5,281	6,146	7,137	6,398
영업이익	361	381	609	615	548
순이익	250	268	475	522	488
EPS	4,310	4,621	8,190	9,000	8,414
BPS	22,207	25,224	31,759	39,310	46,224

출처 : 전자공시시스템(DART)

의 가치가 이전과 같은 수준으로 유지하려면 두 배의 수익을 내야 한다. 하지만 그럴 수 있다고 보기는 어려웠다.

모든 판단은 현재 내리는 것이다. 미래에서 과거의 잘못을 보면서 내리는 판단을 우리는 후회라고 부른다. 반성을 동반한 후회는 개선의 계기가 된다. 그런데 주식투자에서는 항상 그런 것만은 아니다. 독자께서 세운 투자의 기준을 지키지 못하거나 그 기준에 치명적인 결함이 발견되었다면 당연히 수정해야 한다. 그러나 향후 주가등락에 따라 투자의 잘잘못을 따진다면 언제나 불안하다. 또한 매도 이후, 매수 이후에 매번 기준이 흔들린다면 기준이라고 볼 수도 없다. 지금 내가 강조하고 싶은 것은 자신의 기준을 세우고 기업이 거기서 벗어나면 단호하게 결별을 선언하라는 것이다. 그리고 결함이 발견되기 전까지는 향후 주가의 향방에 따라서 기준을 흔들어서는 안 된다는 것이다.

고려개발을 정리하면서 매수한 종목은 KCC건설이었다. KCC

건설은 자본금 280억 원에 매년 300억~400억 원씩 이익을 내는 회사였다. 배당률도 높은 편이었다. 당시 KCC건설을 발견하지 못했다면 고려개발을 더 오래 보유하고 있었을지도 모른다. 증자를 하기 전에는 고려개발의 가치가 더 높았는데(내 판단기준에 따른 것이다) 증자를 하고 보니 KCC건설의 가치가 상대적으로 더 높아졌다.

KCC건설에 대한 자세한 설명은 생략한다. 고려개발 이후에 같은 업종의 기업을 선택했다는 것이 핵심이다. 나는 늘 동업하는 마음으로 투자를 하라고 한다. 동업을 하려면 그 사업에 대해 알아야 한다. 기업의 의사결정에 직접적으로 참여하기 어려운 동업이지만 적어도 동업자가 이해할 수 없는 결정을 내리거나 자신의 사익을 위해 기업을 운영하려 한다는 건 알아야 한다.

고려개발은 내가 처음으로 투자한 건설주였다. 나는 처음으로 건설사와 동행하기 위해 많은 공부를 했다. 건설사는 이렇게 돌아가고 저렇게 할 때 수익이 난다는 걸 많은 공부를 한 끝에 알게 되었다. 업종 자체의 전망이 나빠지지 않은 한, 이미 공부한 업종의 기업에 투자하는 것이 유리하다. 그래서 자신의 현재 직업과 관련 있는 업종, 혹은 잘 아는 업종에 투자하라고 강조한다.

독자께서도 다 아는 내용이겠지만 수익이 난 이후의 투자 패턴에 대해 한 마디 덧붙이고자 한다. 나는 수익이 나면 원금은 최대한 안정적인 기업에 투자한다. 로우리스크, 로우리턴이 기준이다. 그리고 수익이 난 부분은 성장주에 투자했다. 그것이 내가 안정적으로 자산을 늘릴 수 있었던 '누구나 알고 있는 비결'이다. 투자에서 가장 중요한 것이 원금을 잃지 않는 것이라는 사실을 잊어버리지 말자는 뜻에서 하는 말이다.

이 글을 쓰면서 보니 고려개발의 주가가 1610원(2012년 8월 27일 기준)이다. 그간의 기사들을 대략 살펴보니 사채 원리금 미지급, 800억 원 규모의 공사 수주 계약 해지 등의 소식도 보이고 워크아웃에 관한 기사도 있다. 반면 같은 날 KCC건설은 2만 6650원이다. 결과적으로 내가 KCC건설로 옮겨간 것이 올바른 판단이었다는 주장을 하려는 것은 아니다.

내가 투자했을 당시 고려개발은 좋은 기업이었다. 증자를 했을 때도 KCC건설보다는 못했지만 좋은 기업으로 분류할 수 있었다. 그러나 지금은 부채비율이 700퍼센트가 넘는 기업이 되어 있다. 기업은 살아있는 생물과 같다. 시시각각으로 변화하는 환경에 맞게 진화하지 못하면 퇴화되고 만다.

8년 동안 부동산시장의 패러다임의 변화가 있긴 했지만 그동안 소통하지 않았으니 정확하게 고려개발이 왜 이렇게 되었는지, 같은 업종인 KCC건설은 왜 아직도 건재한지 나는 알지 못한다. 나는 기본적으로 4~5년을 보고 투자한다. 공부하는 기간을 빼면 내가 예측하는 기업의 미래는 2~3년이다. '겨우' 2~3년의 미래를 예측하기 위해 기업의 진화 과정을 예민하게 관찰하고 소통한다.

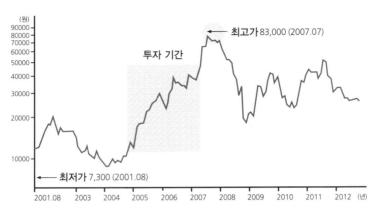

[그림4] KCC건설 차트

기업의 미래에 대한 예측에 따라 주식투자의 성공 여부가 결정된다. 따라서 관찰과 소통이 성공의 열쇠인 것이다. 잃어버린 열쇠는 가로등 밑이 아니라 잃어버린 곳에서 찾아야 하듯, 주식투자도 열쇠가 있는 곳에 시간과 에너지를 투여해야 한다. 주가창을 들여다보는 것은 기업에 대해 공부하고 소통하는 것보다 쉽지만 거기에는 열쇠가 없다.

기업은 나의 동반자

요즘 같은 시기엔 주식투자가 정말 어렵다.

넘쳐나는 정보와 외생변수에 의해 움직이는 주가의 등락에 투자자는 하루도 맘 편히 지낼 수 없다. 미국시장뿐만 아니라 유럽시장까지 봐야 하고, 심지어는 중국과 일본시장의 동향까지 파악해야 한다. 최근엔 컨트리 리스크까지 부각돼 투자자들을 혼란스럽게 하고 있다. 필자도 여느 투자자나 기업인의 입장과 별반 다르지 않다.

우리나라의 주요 글로벌기업인 삼성전자, LG전자, 포스코, 현대중공업, 현대차, SK텔레콤, KB금융, 삼성화재 등의 외국인 지분율이 적게는 20퍼센트에서 많게는 50퍼센트가 넘는다. 종합주가지수를 기준으로 한 선물·옵션 등 파생상품과 글로벌기업 중심으로 외국인의 집중된 투자로 인해 해당 종목의 주가 등락은 세계시장의 흐름과 동행할 수밖에 없게 됐다. 더구나 우리나라는 대외 의존도가 높은 경제 구조이며 증시 전체의 외국인 투자비율이 34퍼센트로 높은 편이다. 이렇다 보니 국내보다는 해외시장의 변수가 기업에 미치는 영향이 더 크다. 이 점이 주식투자를 더 힘들게 한다.

일부 대주주 지분을 제외하면 우리 기업에 대한 내국민의 투자 지분은 너무 적다. 우리의 경제 규모와 기업의 가능성을 볼 때 안타까운 현실이다. 왜 임금을 받는 노력 봉사만 하고 기업의 성과를 외국인에게 대부분 돌려줄까. 외국인 투자자들이 우리 기업들의 이익으로 한 해 3조~4조 원 이상의 배당금을 가져가는 현실에 한국인의 한 사람으로서, 투자자의 한 사람으로서 많은 아쉬움을 갖는다.

나는 주식투자를 경쟁력 있는 비즈니스 모델과 훌륭한 경영인이 있는 기업에 대리경영을 한다는 마음으로 한다. 직접 회사를 경영하지는 않지만 투자한 기업과는 동반자적 관계라고 본다. 투자 기업을 고를 때 직접 사업을 한다는 심정으로 선택하므로 장기투자에 나선다. 기업의 성과나 가치는 하루아침에 만들어지지 않기 때문이다.

동반자 관계가 되려면 소통을 통해 서로 믿고 신뢰할 수 있어야 한다. 이것이 장기투자를 가능케 하는 원동력이다. 1992년 우리 자본시장이 개방된 이후 외국인의 투자행태(전략)를 보면 투자 기업의 선정부터 매각까지 끊임없이 소통하고 신뢰를 쌓으면서 동반자 관계로 장기투자를 해 오고 있다.

그렇다면 우리는 왜 우리 기업에 장기투자를 하지 못할까? 정보와 분석력의 문제는 아니라고 본다. 소통 부족으로 서로 믿고 신뢰할 수 없는 사회 분위기와 자신감 부족이라고 생각한다. 적어도 같은 생각을 가진 동반자가 되려면 소통을 통해 서로 믿고 신뢰할 수 있는 관계가 돼야 한다. 그래야 투자한 기업과 동반자 관계로 장기간 아름다운 동행을 할 수 있다.

정부의 일자리 창출과 경제 살리기도 결국은 기업의 활성화에 달려 있다. 우리가 우리 기업을 사랑하고 투자하지 않는다면 우리의 미래도 밝을 수 없다. 삶의 터전인 우리 기업에 보다 많은 사람들이 투자해 그 성과를 함께 공유하며 풍요롭고 여유로운 세상에서 살기를 기대한다. 그런 의미에서 기업은 나의 영원한 동반자다.

_《한국경제》 2010.05.25

::

원칙대로 하면
성공한다,
반드시

해커가 등장하는 할리우드 영화가 꽤 많다. 대부분 사회부적 응자로 그려지는데 컴퓨터와 네트워크 세상에는 완벽하게 적응한 사람으로 나온다. 이들은 기업은 물론이고 정부기관의 서버도 가볍게 뚫고 들어가 필요한 정보를 빼내곤 한다. 2007년에 개봉한 〈다이하드 4〉는 네트워크 세상의 위험성을 거칠게 표현한 영화다. 전직 정부기관의 요원과 결탁한 범죄자들이 해킹으로 군대를 포함한 미국 전체를 농락했다.

서론은 여기까지다. 그때 그 영화를 보고 보안이 정말 중요하구나라고 생각하며 관련 기업에 투자한 사람은 큰 수익을 거둘 수 있었다. 영화는 영화일 뿐이라며 무심코 넘겼던 많은 사람들은 약 2년 뒤에 현실 세계에서 이와 유사한 일들이 벌어진 다음에야 관심을 가지기 시작했다. 2009년에 3차에 걸쳐 일어난 7·7 디도스DDoS 사건이 그것이다. 해킹과는 다르지만 대한민국과 미국의 주요 정부기관, 포털사이트, 은행 사이트를 일시적으로 마비시켰다. 그때서야 까딱하면 큰일 나겠다는 공감대가 형성되었다.

해킹으로 인한 재앙은 잠깐만 상상해 보더라도 끔찍한 일이다. 독자께서 보유하고 있는 금융자산은 대부분 데이터 형식으로 존재한다. 대한민국의 어떤 은행이나 증권사가 완벽하게 해킹돼 데이터가 모두 사라졌다고 생각해 보자. 무서운 사태가 벌어질 것이다. 물론 간단하게 해킹이 되지는 않을 것이고 해킹이 되더라도 복원이 가능하도록 이중 삼중으로 대비책을 세워뒀겠지만, 그렇다 하더라도 혼란은 피할 수 없다. 각국의 군대가 '해커 부대'를 양성하고 있는 이유가 무엇이겠는가. 총알 한 방 쏘지 않고 적국을 혼란에 빠뜨리는 것이 해킹이다.

디도스 사건 당시 가장 먼저 백신을 보급한 업체는 안랩(당시 안철수연구소)이었다. 안랩은 1차 공격 직후 전용백신을 공급했고 여러 백신 업체들이 전용백신을 잇따라 출시했다. 내가 안랩에 관심을 가지게 된 것도 이 시기였다. 온 나라가 떠들썩했으니 나만 관심을 가졌을 리 없다. 디도스 공격 당일에는 다들 우왕좌왕 하느라 그랬는지 주가에 큰 변화가 없다가 그 다음날부터 3일 연

[표5] 안랩 손익 및 투자지표 추이

(단위:억 원, 원)

구분	2007	2008	2009	2010	2011
매출액	563	660	695	736	1,032
영업이익	117	97	102	67	80
순이익	166	90	142	142	94
EPS	1,602	869	1,371	1,371	907
BPS	8,349	8,108	9,151	12,114	11,931

출처 : 전자공시시스템(DART)

속 상한가를 기록했다.

관심 가는 종목이 있는데 이미 대중의 반응을 불러일으키고 있다면 지켜보는 것이 상책이다. 폭등 뒤에는 늘 조정기가 온다. 2주 동안 60퍼센트 가량 상승했던 안랩도 이후 약 50퍼센트 정도 하락 조정을 보이면서 거래량도 줄었다. 만약 조정을 보이지 않고 지속적으로 상승한다면? 그땐 입맛만 한 번 다시고 내 몫이 아니구나 하면서 돌아서야 한다.

시장이 흥분해 있을 때 나는 차분히 기업을 연구했다. 재무상황도 건전하고 '안철수'라는 브랜드와 기업의 스토리도 좋았다. 배당률도 90퍼센트에 이르는 초고배당주였다. 그럼에도 불구하고 비즈니스 모델이 약한 것이 마음에 걸렸다. 충분히 공부한 뒤에 기업 탐방을 나갔다. 탐방을 나가면 다 아는 내용이라도 일단은 설명을 요구한다. 자세하고 투명하게 설명할수록 긍정적이라고 보면 된다. 실적이 좋지 않거나 뭔가 전망이 불투명하면 숨기려고 하고 자신감 없이 말하기 마련이다.

기업 탐방을 가서 설명을 들으니 걱정했던 부분이 해결되었다. 아직도 많은 사람들이 안랩은 바이러스 백신사업만 하는 줄 알지만 그때부터 보안 핵심 장비인 침입탐지시스템과 침입방지시스템 제조사업, 보안관제사업에도 진출하고 있었다. 나는 무릎을 쳤다.

2008년에 나우콤에 투자한 적이 있었다. 그 회사의 사업 영역 중 하나가 침입방지시스템 등을 생산, 판매하는 것이었다. 2011년 해당 사업 부분을 따로 분할해 만든 회사가 윈스테크넷이다. 침입방지시스템은 일상생활에서는 접하기 어려운 단어다. 간단하게 정리하자면 기업이나 건물 등에서 일어날 수 있는 온오프라인의 모든 침입을 방지하는 것이다. 국내시장은 외국계 기업이 70~80퍼센트를 차지하고 있는데 전체 시장 규모는 수조 원에 이른다. 나우콤에 투자하면서 충분히 공부를 하지 않았다면 안랩에 대한 확신을 가지는 데 시간이 더 걸렸거나 최악의 경우 투자하지 않았을 수도 있었다.

덕분에 비교적 짧은 시간에 계획했던 자금을 투입해 매수를 완료했다. 여기서 짧은 기간이라 함은 6개월이다. 보통 1~2년은 걸리니까 절반 이상 짧다. 이 기간을 포함해 매도하기까지 기업 탐방을 세 번 했고 전화 통화는 30여 차례 했다.

정상적인 수익만 보라

내가 매수한 가격은 조정기였던 1만 4000~1만 5000원대였다. 이후 보안에 대한 관심이 꾸준히 높아지면서 2010년 1월 3만 원까지 갔을 때 차익실현을 하며 거의 다 매도했다. 그 이후 안랩에서는 주식의 유동성을 늘리기 위해 발행주식 수의 10퍼센트에 해당하는 자사주를 기관들에게 넘겼다. 그 물량이 곧바로 시장에 나오면서 2만 3000원대까지 하락했다. 그 무렵부터 재매수를 시작했는데 1만 8000원까지 떨어졌다. 내가 보는 안랩의 가치는 3만 원대 중반이었다. 절반 가격으로 거래되고 있었던 것이다. 매수 가격보다 떨어진 것은 유쾌하지 않지만 더 싼 가격에 살 수 있는 기회였다. 그때 물량을 많이 확보했다.

그 이후 방문을 통해 게임, 보안장비 등 사업다각화 계획과 기업의 장기비전을 들을 수 있었다. 그 무렵 회사는 적극적인 기업설명회 활동도 하고 1만 8000원 선에서 자사주를 매입하는 등 주가부양에 힘썼다. 공시도 일주일에 몇 번씩 뜨고는 했다. 항상 그런 것은 아니지만 대부분 어려움을 겪고 있는 기업은 반드시 공시하도록 되어 있는 내용만 공시한다. 반면 활발하게 움직이는 기업은 공시가 자주 뜬다. (심각한 위기 상황에서 공시를 남발하는 기업도 있으니 주의해야 한다.) 이런 기업은 언젠가 상승하게 된다. 그 무렵 나에게 안랩의 주식은 아이들에게 물려주고 싶을 만큼 좋은

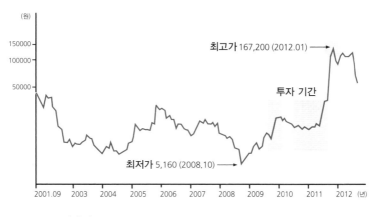

(원)

150000
100000

50000

최고가 167,200 (2012.01) →

투자 기간

최저가 5,160 (2008.10) →

2001.09 2003   2004   2005   2006   2007   2008   2009   2010   2011   2012 (년)

[그림5] **안랩 차트**

주식이었다. 장기적인 안목으로 봤을 때 꾸준히 성장할 기업으로
보았던 것이다.

이후의 이야기는 여러분들도 다 아시는 내용이다. 2011년 안
철수 교수가 서울시장 선거에 출마를 선언했다. 포기를 한 이후
에는 대권 출마설이 나왔다. 나는 폭등을 시작하던 4만 원 내외
에서 정리를 했고 그 뒤에 16만 원까지 갔다. 2012년 3월 7만 원
대까지 떨어졌던 주가는 이후 대선주로서의 위력을 발휘하며 급
등했다. 그리고 9월, 대선출마를 선언한 직후 연일 폭락세를 보
였다.

나는 안랩에 투자해 3년 만에 약 250퍼센트의 수익률을 거두

었다. 그러나 솔직히 아깝고 아쉬움이 많다. 3개월만 더 기다렸으면 900퍼센트가 넘는 수익이 나는 거였다. 누군가 아깝지 않았느냐고 묻는다면 아까웠다고 답할 것이다. 그러나 잘못 판단한 것 아니냐고 한다면 아주 옳은 결정을 내린 거라고 답할 것이다. 2011년 폭등하던 추세로 보면 추가 상승이 충분히 예견되었다. 순식간에 거품이 꺼진다 해도 저가에 매수를 했으니 위험부담도 적었다. 그런데도 손을 털고 나온 것은 주가가 기업의 가치와 무관한 재료로 요동치는 것을 싫어하기 때문이다. 그럴 때는 팔고 나오는 것이 내 투자원칙 중 하나다.

좀 냉정하게 이야기하면, 정치 테마주에 얽혀서 손실을 본 분들은 절대로 하소연 따위는 하지 말아야 한다. 정당하지 않은 이익을 보려고 하다가 손해를 본 것이다. 내 이웃의 돈을 먹으려다가 손해를 본 것이다. 예를 들어 안철수 교수가 대통령 선거에 출마했다가 떨어졌다면 주가가 폭락할 것은 불 보듯 뻔하다. 시장 출마 포기를 했을 때도 그랬다. 만약 시장이 되었거나 대통령이 된다면? 안랩이 서울시나 정부의 특혜를 받아 성장할 거라고 기대한다는 것인데 이 역시 부당하다.

대선을 앞둔 작년부터 정치 테마주가 시장을 어지럽혔다. 안랩뿐 아니라 대선주자로 거론되는 사람들과 조금이라도 연관되어 있는 기업의 주식은 이전투구의 장이 되었다. 정치 테마주 광풍은 누군가는 반드시 손실을 보게 되어 있다. 이걸 알고도 들어가는 어리석음은 탐욕에서 비롯된 것이다. 인간인 이상 탐욕이 일어나는 것을 완벽하게 막을 수는 없다. 그러나 탐욕에 따라가는 주식투자를 하려거든, 그것을 이길 자신이 없으면 아예 주식투자를 하지 않는 것이 자신을 위해서도, 다른 투자자를 위해서도 좋은 일이다. 정치 테마주 광풍을 보면서 서로 자신이 최고의 바보라며 경쟁하고 있다고 생각하면 된다.

아쉬움은 이런 것이다. 보안은 시간이 갈수록 더 중요해질 것이고 안랩처럼 탄탄하고 투명하게 경영하는 기업이라면 꾸준히 성장할 것이다. 내 아이들에게 물려주고 싶을 만큼 좋은 기업이었는데 광풍에 휩쓸리면서 이상한 주식이 되어버렸다. 그래서 아쉽다.

_____ 원칙은 역사의 검증을 받았다

이제 나를 '단타쟁이'로 만든 주식을 이야기할 차례다. 나는 업종을 기준으로 포트폴리오를 구성한다. 기업만 보고 투자를 하면 업종이 편중될 수 있다. 어떤 계기로 인해 해당 업종 전체가 어려워질 수 있고 최악의 경우 사양산업이 될 수도 있다. 그렇게 되면 대응하기가 어렵다. 그래서 나는 최악의 상황에 맞춰 놓고, 꽤 보수적으로 포트폴리오를 운영하는 편이다. 앞서 고려개발을 매

[표6] 이글루시큐리티 손익 및 투자지표 추이

(단위 : 억 원, 원)

구분	2007	2008	2009	2010	2011
매출액	144	182	229	310	362
영업이익	24	22	40	52	18
순이익	20	23	39	49	27
EPS	333	383	647	740	360
BPS	1,333	1,767	2,400	5,61	4,773

출처 : 전자공시시스템(DART)

도한 이후에 같은 업종의 KCC건설을 매수했듯이, 보안 업종을 팔 았으니 다른 보안 업체에 투자했고 그것이 이글루시큐리티였다.

나는 약간의 주식을 사놓고 1~2년 지켜 본 뒤에 좋은 기업이 라는 확신이 들면 투자해 놓고 2~3년을 기다리는 방식을 선택해 왔다. 1~2년이나 2~3년이라는 기간은 조금 짧아지는 경우는 있 었어도 크게 짧아지지는 않았다. 이 방식이 오늘의 나를 있게 했 다. 그런데 이글루시큐리티는 안랩을 급하게 매도하는 바람에 첫 스탭부터 꼬였다. 업종의 성장성은 확인이 되었고 재무상황도 괜 찮았다. 예상되는 영업이익도 좋았다. 그래서 단기간에 5퍼센트 의 지분을 확보하면서 공시가 되었고 일반에 알려지게 된 것이다.

보통은 기업을 방문하고 주식담당자를 만나고 임원급 이상의 사람도 만나면서 확신을 가지고 그 뒤에 과감하게 베팅을 하는

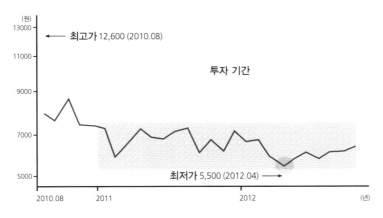

(원)
13000

← **최고가** 12,600 (2010.08)

11000

투자 기간

9000

7000

5000

최저가 5,500 (2012.04) →

2010.08   2011   2012   (년)

[그림6] 이글루시큐리티 차트

데 이번에는 순서가 거꾸로 됐다. 투자를 한 뒤에 사람을 만나고 대표도 만나고 했는데 그럴수록 확신은커녕 자꾸 찜찜해졌다. 그래서 전화를 자주 했는데, 이때 나로서는 다행스러운 사단이 났다. 기업의 대표가 '전화가 너무 잦다'라는 것이다.

불통!

나는 투자를 기업과 동행하면서 소통해 나가는 것이라고 생각하는데 불통이라면 더 이상 고민할 필요가 없다. 비밀이 많은 사람과 동업할 수는 없는 일이다. 그 뒤에 나우콤 시절부터 지켜본 윈스테크넷을 매입했다.

내가 세운 원칙을 지키지 않았을 때 나온 결과가 나쁜 것은 나에게 좋은 일이다. 원칙을 지키지 않아도 별 탈 없고 그것이 몇 번 이어진다면 자연스럽게 원칙을 버리게 된다. 그러다가 호되게 당하는 것이다. 투자세계에서 당연하다고 여겨지는 원칙들은 반드시 지키는 것이 좋다. 급변하는 투자세계에서 살아남은 원칙이라면 역사의 검증을 받았다고 보아야 한다. 그 원칙을 지키지 않았는데도 수익을 냈다면, 그래서 그 원칙이 우습게 보인다면 지금 벼랑 끝에 서 있는 것이다.

사이버테러 확산,
정보보안업체 투자 유망

전 세계를 혼란에 빠뜨렸던 '디도스' 사이버테러가 발생한 지 어느덧 두 달이 다 되어 간다. 해커의 의도가 아직도 정확하게 파악되지 않아 2차 공격의 가능성이 여전히 상존하나 마땅한 대응 수단이 없다는 게 보안업계의 고민이다. 그러나 정작 문제는 이번 사이버테러도 다른 무수히 많은 이슈들에 파묻혀 어느덧 사람들의 기억 속에서 잊혀져 가고 있다는 것이다.

사이버테러는 비단 이번뿐만이 아니었다. 1999년 CIH 바이러스, 2003년 웜 바이러스를 비롯 크고 작은 사이버테러에 우리의 허술한 보안체계는 늘 노출되어 있었다. 이러한 사건은 발생 당시 요란스럽게 신문 지면과 방송 뉴스를 통해 보도됐다가 시나브로 묻혀진 게 대부분이다. 대책은 미봉책에 불과했고 언제나 '사후약방문'식 처방이 남발됐다.

이번 '디도스 사태'는 우리의 허술한 보안체계를 언제까지 방치할 것인지 반문하는 계기가 되어야 한다. 온라인을 기반으로 세상이 점점 바뀌고 있는데 사이버테러를 눈 뜨고 그저 바라볼 수만은 없지 않은가. 한국이 주도하는 스마트그리드(지능형 전력망) 같이 IT기술이 발전하면 할수록 해킹에 대한 노출과 위험은 더욱 확대된다. IT 강국을 자부하는 한국이 사이버테러를 이대로 방치할 경우 그 피해는 앞으로 지금의 수십, 수백 배에 이를 수 있다.

한국은 IT 선진국이다. UN의 전문기구인 국제전기통신연합 ITU이 조사한 디지털 기회 지수DOI에서 한국은 2005년부터 3년 연속 전 세계 180여 개 국가 중 1위를 차지했다. 정보통신 인프라의 보급과 기회 제공, 활용 등의 부문에서 한국은 가장 우수한 성적을 받았다.

한국은 또 스위스 국제경영개발대학원IMD이 발표하는 국가경쟁력 지수 중 정보통신 부문이 포함된 기술 인프라 부문에서 60여 개 국가 중 6위를 차지했다. 인터넷 부문에서는 부동의 세계 1위다. 지난 6월 기준 초고속인터넷 보급률은 95퍼센트에 달했고, 인터넷 이용자 수도 약 3920만여 명으로 이용률이 81퍼센트에 달한다.

하지만 이러한 앞선 IT 인프라 구축에도 불구, 한국의 정보보호산업 부문 투자는 상대적으로 미약했다. 효과를 바로 볼 수 없는 데다 보안 개념도 없어 비용 지불을 꺼려 왔기 때문이다. 〈2008 국가정보보호백서〉에 따르면 2007년 한국의 정부기관 가운데 할당된 예산 중 정보보호에 5퍼센트 이상을 사용한 기관은 21.7퍼센트에 불과했다. 반면 2퍼센트도 안 쓰는 기관은 42.3퍼센트나 됐다.

같은 해 미국은 평균 9.2퍼센트의 예산을 정보보호에 할당해 한국보다 월등히 많은 비용을 지출했다. 미국이니까 당연히 높다고 생각해선 오산이다. 해킹에 의한 사고의 피해는 미국이나 우리나 다를 바 없다. 오히려 정보화가 더 발달한 한국이 문제가 발생했을 경우 상대적으로 피해가 더 클 수 있다.

참고로 2008년 1월 미국공인회계사협회AICPA는 기업의 IT 투자 전략 및 운영에 가장 큰 영향을 미치는 〈연간 기업의 주요기술의제〉라는 보고서에서 2007년에 이어 2년 연속 '정보보호관리'가 가장 중요하다고 발표했다. 그만큼 정보보호산업이 중요하다는 의미다.

새로운 정보통신 기술이 끊임없이 개발되고 지식정보화사회가 진전되면 될수록 그 역기능을 제대로 파악하고, 문제가 생겼을 때 적시에 대응하는 체계를 구축하는 것이 필요하다. 한국의 정보보호산업이 국가적으로 보호·육성되고 투자가 강화되어야 하는 이유다. 정보보호산업은 국가 행정 전산망과 에너지 유통망, 민간은행 전산망 등 공적 전산망의 수요가 60퍼센트를 넘기 때문에 우리 실정에 맞는 정보보호 소프트웨어의 개발 및 육성에 정부가 적극 나서야 한다.

이를 위해 가장 중요한 일은 무엇보다 보안 전문 인력의 양성이다. 사이버 공격이란 쉽게 말해 가장 앞선 기술로 뒤처진 기술의 허점을 찾아내 공격하는 것이다. 따라서 최신 기술을 유지하고 발전하는 것이 정보보호산업의 핵심이다. 때문에 최신 기술을 활용하고 지속적으로 개발할 수 있는 인력을 확보하는 일은 무엇보다 중요하다.

우수한 전문인력을 충분히 확보하면 정보보안 문제는 의외로 손쉽게 해결할 수 있다. 전문인력이 많으면 많을수록 보안 부문에 선행투자가 이뤄질 것이고 보안사고가 발생하기 이전에 예방할 수 있을 것이다. 일이 벌어진 이후라도 신속 대응이 가능하다. 세계 최고의 IT 강국인 한국은 IT 분야의 우수한 두뇌를 사장시키는 우를 범해선 안 된다. 아니, 더욱 양성하고 육성시켜 안전한 온라인사회, 네트워크사회를 만들어 나가야 한다.

지난 10일 중국 지린 성에 사는 조선족 해커 2명이 한국의 은행 전산망에 침입해 한국인 수십 명의 계좌에서 4억 5000만 원을 빼돌렸다가 구속된 사건이 있었다. 이런 시도는 앞으로 늘상 있을 것으로 본다. 사이버테러와의 전쟁은 이제부터가 시작이다. 이미 전문가들은 사이버 냉전시대를 언급하고 있다.

한국은 당연히 그 중심에 서게 될 수밖에 없다. 한국의 지역적인 위치와 중국, 러시아, 북한의 사이버 전력 증강을 고려하면 더더욱 그렇다. 이미 미국은 사이버해킹을 국가안보의 제1 위협으로 규정하고 있다. 사이버 전쟁에 대한 가상훈련cyber storm도 실시하고 있다.

세계적으로 보안기술과 산업이 가장 발달한 나라는 미국과 이스라엘이며, 우리나라가 그 뒤를 잇고 있다고 한다. 여건은 충분히 갖춰졌다. 국가적·사회적으로 하루빨리 공감대를 이끌어 내우리의 정보보호산업을 한 단계 발전시키는 데 모두가 노력을 기울여야 한다.

현재 우리 기술로 만들어진 온라인 네트워크의 감시자이자 첨병인 안랩이나 나우콤, 시큐아이닷컴, LG C&S, 터보테크와 같은 보안회사들은 앞으로 더욱 성장해야 한다. 이와 비슷한 회사들이 많아져 불꽃 튀는 경쟁을 통해 우리 정보보호산업의 경쟁력이 강해진다면 우리 사회가 사이버테러로부터 좀 더 안전해지지 않을까 생각한다.

투자자 입장에서 볼 때 정보보호산업은 정보화사회가 발전하면 할수록 그 중요성이 커지는 만큼, 높은 성장성과 수익성을 기대해 봄 직하다. 한국이 IT 강국이기 때문에 정보보호산업에서도 세계시장을 리드해 나갈 수 있다. 이러한 기업을 찾아 장기투자한다면 큰 수익을 낼 수 있다고 본다.

이번 사이버테러 사건으로 정보보안의 중요성이 더욱 커졌고 정보보안을 위해 비용을 지불할 준비 또한 충분히 된 상태다. 정보보호산업에 속한 유망기업에 대한 투자가 매력적으로 보이는 이유다.

_《한국경제》, 2009.08.19

투자자의 눈으로
리셋하라

미용사는 길거리를 다니면 사람들의 머리만 보인다고 한다. 구두를 만드는 분은 구두만 보인다고 한다. 패션디자이너 역시 사람들 옷만 보고 다닌다. 완숙된 경지에 오른 분들은 그들의 머리 스타일, 구두 뒤축이 닳은 모양, 옷매무새만 보고도 성격을 짐작할 수 있다고 한다. 이 다음에 무슨 이야기가 나올지 독자께서는 벌써 눈치 채셨을 거라 생각한다.

투자자는 무엇을 보고 다녀야 하는가?

사람은 일상에 쉽게 길들여진다. 어릴 때부터 바닷가에서 살아온 사람에게 바다는 별 감흥을 주지 못한다. 하지만 도시에서

휴가를 온 사람은 '바다다!'라며 탄성을 지른다. 반대로 바닷가 사람은 도시인에게 스트레스를 주는 고층빌딩과 번화한 거리를 흥미롭게 바라본다. 우리는 오랫동안 각자 직업을 가지고, 일정한 공간에서 살아왔다. 우리가 사물을 보는 눈도 거기에 고정되어 있다. 주식투자를 시작했다고 해서 갑자기, 노력도 없이 투자자의 눈을 가지게 되지는 않는다는 말이다.

뉴턴 이전에도 사과가 떨어지는 것을 본 사람은 있었다. 그들 중 대부분은 일상에 길들여진 눈으로 바라봤기에 의문을 제기하지 않았다. 몇몇 사람들은 '저게 왜 떨어질까?' 호기심을 가졌을 법하지만 그것을 이론으로 정리할 지식이 없었다. 뉴턴에게서 우리는 투자자의 눈을 갖기 위해 무엇이 필요한지 힌트를 얻을 수 있다. 일상적이지 않은 눈으로 일상을 바라보는 것, 그리고 거기서 변화를 발견하고 해석할 수 있는 지식이다. 노력은 두 가지 요소 모두에 필수적이다.

내가 투자한 삼천리자전거도 일상에서 발견한 것이었다. 일부러 그런 예만 든다고 생각할 수 있지만 내가 투자한 종목 대부분이 일상에서 발견한 기회였다. 휴일에 한강둔치에 나들이를 가 본 분은 자전거를 타는 사람이 부쩍 늘었음을 느꼈을 것이다. '그랬나?'라고 생각한다면 주위를 살피는 훈련이 많이 필요할 듯싶다.

최근 10년 사이 자전거와 관련된 변화는 무엇일까? 나는 이동

수단에서 레저스포츠로의 변화라고 생각한다. 교통체증을 피하면서 운동도 하겠다는 계산으로 자전거를 이용하는 사람도 늘긴 했다. 20만 원짜리 자전거를 샀다면 서너 달이면 본전을 뽑는다. 경제성과 건강, 그리고 에너지 절감이라는 측면에서 자전거 이용은 적극 권장하지만 투자자의 눈으로 보면 확장성은 떨어진다. 아직은 도시에서 안전하고 편리하게 자전거를 이용할 수 있는 인프라가 부족하다. 인프라를 갖추는 데는 긴 시간이 필요하다. 만약 단순히 이동수단으로 이용하는 사람이 증가했다면 나는 삼천리자전거에 투자를 하지 않았을 것이다.

그러나 레저스포츠로의 변화라면 이야기가 달라진다. 건강과 관광 목적이던 등산이 레저스포츠로 변하면서 등산용품시장이 급격하게 커진 것처럼 자전거도 대표적인 레저스포츠가 될 것이라는 게 내 예상이다. 한강에서 자전거를 타는 사람들 중 상당수가 완벽한 복장을 갖추고 있었다는 것이 내가 본 신호다.

물론 아직까지는 폭발적인 확장성은 보이지 않고 있다. 자전거업체들이 선도하지 못하는 원인도 있다. 그러나 여건은 갖춰져 있다고 보고 머지않아 온 가족이 멋진 복장을 갖추고 자전거를 타는 모습을 보게 될 거라 생각한다.

여기서 중요한 것은 변화의 지속성이다. '그 많던 인라인동호회는 다 어디로 갔을까'라는 질문을 던지면 그 중요성이 쉽게 간파된다. 독자 여러분의 신발장에도 인라인스케이트가 한두 켤레

쯤은 있을지 모르지만 먼지가 쌓여 있을 가능성이 높다. 그래서 변화의 조짐이 보인다고, 변화하고 있다고 짧은 시간에 가진 자금을 다 털어 넣어서는 안 되는 것이다. 모든 투자는 소통과 동행이 기본이다.

이제 내가 삼천리자전거에 투자한 과정을 살펴보자.

_____ 기회는 변화에 있다

내가 삼천리자전거에 관심을 갖고 매수하기 시작하던 때는 2007년 중반, 3000~4000원대였다. 당시 삼천리자전거는 이익률이나 재무상태가 썩 우량하지 않았다. 그래도 자전거의 장기적 전망과 업계 1위라는 점이 마음에 들었다. 여기다 김석환 회장은

[표7] **삼천리자전거 손익 및 투자지표 추이** (단위 : 억 원, 원)

구분	2006	2007	2008	2009	2010	2011
매출액	520	639	757	834	733	898
영업이익	33	45	30	86	35	20
순이익	49	29	5	46	38	12
EPS	539	447	81	443	210	95
BPS	2,270	2,418	2,448	5,224	5,26	5,258

출처 : 전자공시시스템(DART)

부친의 뒤를 이어 자전거 사업 외길을 걸어온 사람이었다.

내가 기업을 선택할 때 중요하게 보는 요소 중 하나가 비즈니스 모델의 단순함이다. 나는 동업한다는 생각으로 투자를 하는데 사업구조가 복잡하면 내가 파악을 할 수가 없다. 파악도 안되는 사업에 동업자로 뛰어들 수는 없다. 공부를 해 가면서 새로운 사실도 알게 되었다. 한 대에 1500만 원하는 산악용자전거가 있다는 것도 알았고 우리나라의 자전거 운송률이 일본의 1/10, 독일의 1/6에 지나지 않을 정도로 낮은 수준이라는 것도 알았다.

그때까지 자전거는 한 번도 관심을 받지 못한 '장기적인 소외주'였다. 그러던 것이 2007년 여름, 4대강 자전거길 조성 가능성과 서울시의 자전거도로 신설 등의 정책 덕분에 거래량이 대량으로 늘면서 급등했다. 2000원대 후반에 있던 주가가 2개월 만에 5000원을 돌파했다. 이후 주가는 4000원대에서 비교적 얌전하게 움직였다.

주가에 비해 회사는 변화가 심한 시기였다. 두 번에 걸친 유무상증자를 통해 경기도 의왕에 대규모 유통센터를 건립하는 등 분주하게 움직였다. 당시 나는 지금도 보유하고 있는 참좋은레져에도 투자를 하고 있었다. 참좋은레져는 삼천리자전거의 고급브랜드인 첼로스포츠가 인적분할하면서 생긴 회사로 2008년 7월 참좋은여행과 합병하면서 현재의 상호로 변경됐다.

두 회사를 합쳐 수십 차례 탐방을 갔는데 당시 내가 보는 삼천리자전거와 참좋은레져의 전망은 단기적으로는 정책의 수혜를 입어 성장할 것이고(단기적이라 함은 2~3년을 뜻한다) 장기적으로는 자전거의 레저스포츠화로 폭발적 성장을 기록할 거라는 거였다. 그런데 예상보다 폭발의 시기가 빨리 왔다.

2008년 10월부터 주가가 뛰기 시작하더니 2009년 1월에는 7000원대 중반까지 급등했다. 4대강 사업이 본궤도에 오르고 서울에 자전거 도로가 본격적으로 신설되면서 자전거가 연일 이슈가 되었다. 2009년 초 잠시 소강상태를 보이는 듯하더니 4월 중순부터 다시 상승하기 시작해 5월에는 3만 4000원대까지 급상승했다. 나는 1만 8000원대부터 2만 원대까지 일부 매도해 이익을 실현하고 나머지는 보유했다. 단기간에 수익을 내긴 했지만 반가운 소식은 아니었다. 폭등에는 거품이 끼기 마련이고 이후에는 부작용이 따른다.

그 이후에도 꽤 많은 급등락을 거쳐 2012년 9월 현재 삼천리자전거의 주가는 9000원대 초반에 있다. 올해부터 자전거산업이 급격하게 성장할 거라는 보고서들이 나오고 있지만 주가는 좀처럼 상승할 기미를 보이지 않고 있다. 2009년 급등 때는 심각한 고평가 상황이었고 지금은 저평가 국면으로 보고 있다. 현재의 저평가 국면을 폭등세 이후 폭락세의 영향이 미치지 않았다고 말하지 못한다.

누누이 강조하고 앞으로 또 강조하겠지만 기업은 우리 삶의

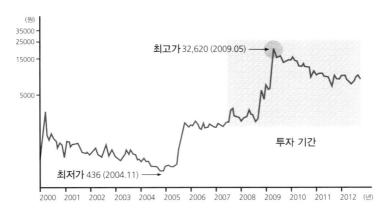

(원)
35000
25000
15000

5000

최고가 32,620 (2009.05)

투자 기간

최저가 436 (2004.11)

2000 2001 2002 2003 2004 2005 2006 2007 2008 2009 2010 2011 2012 (년)

[그림7] **삼천리자전거 차트**

터전이다. 우리의 생활은 기업에서 생산된 물건을 기반으로 하고 있고 기업들 중 1800여 개의 회사가 주식시장에 상장되어 투자자들에게 동업을 제안하고 있다. 달리 말하면 우리 주변에 투자 정보가 있다는 것이다.

시인은 사람들이 무심코 지나가는 사소한 사물에서 인생과 우주의 진리를 발견하고 투자자는 투자의 기회를 발견한다. 시인과 투자자의 차이점은 변화에 있다. 시인은 변화하는 것들 속에서 변하지 않는 것을 찾고 투자자는 변화하는 것들 중에서 더 변화할 것을 찾는다. 한두 달 뒤에 급격한 변화를 일으킬 기업은 찾지 않는 것이 현명하다. 그런 정보를 찾다가 망가진 수많은 사례가 있다. 좋은 기업은 언젠가 제 가치대로 평가받는다. 먼저 가서 자리를 잡아 놓으면 편안한 투자생활을 할 수 있다. 변화의 조짐을 보고 장기적으로 소통하면서 기다리면 된다.

──────── 경제 기사만 보지 마라

주식투자를 하는 분들의 최고 관심사는 내 주식의 등락이다. 주가를 보고 종목 뉴스를 검색하고 종목 토론방에서는 무슨 이야기들이 오가는지를 살피는 건 당연한 일이다. 좀 더 활동적인 분들은 주식시장 전체를 전망하는 기사들을 살핀다. 간단하게 해외의 증시도 일별할 수 있을 것이다. 여기에 시비를 걸 생각은 없다. 다만 관심의 폭을 좀 넓혀 보는 것은 어떨까 하는 제안을 드리는 것이다. 기회는 오히려 사회면이나 정치면에서 종종 출몰한다.

나는 2009년 2월 초부터 호텔신라의 주식을 1만 5000원대에 매수하기 시작했다. 이 역시 독자께서 전혀 모르는 비밀스런 경로를 통해 들어온 정보 따위는 없었다. 큰 틀에서 보면 내가 우리나라의 미래를 대단히 낙관적으로 보는 데서 출발한다. 21세기에는 환태평양 시대가 열릴 것이고 대한민국이 주도적인 국가가 될 것이라고 믿는다. 그 과정에서 깊은 강과 험난한 산을 만

[표8] **호텔신라 손익 및 투자지표 추이** (단위 : 억 원, 원)

구분	2007	2008	2009	2010	2011
매출액	4,950	8,748	12,132	14,396	17,644
영업이익	235	531	541	813	960
순이익	171	249	315	494	560
EPS	428	623	806	1,270	1,425
BPS	11,973	12,143	13,156	14,579	14,277

출처 : 전자공시시스템(DART)

나겠지만 그동안 위기를 잘 극복해 온 우리의 저력이라면 충분히 가능하다고 본다.

보다 직접적인 투자 동기는 한류, K-POP 열풍 등을 통해 국가 브랜드가 올라가면 외국인들이 많이 올 거라고 예상한 것이다. 대한민국의 장기적인 성장성을 의심하면 한류 역시 일시적인 현상에 불과하다. 그래서 큰 틀에서의 낙관을 먼저 이야기한 것이다.

무인도에서 살지 않는 한 한류와 K-POP은 다들 듣고 보았을 것이다. 일본인 '아줌마'들이 성지순례하듯 배용준의 집 앞을 서성거리고 드라마 촬영지에서 감격하면서 사진을 찍는 장면, 푸른 눈의 사람들이 우리가 예능프로그램 등에서 늘 보는 아이돌에 열광하는 장면을 보면서 '어허 참, 별 일도 다 있다'라고 하는 건 투자자의 자세가 아니다. 특별한 능력이 필요한 것도 아니다. 상식적인 수준으로 생각하면 된다.

우선 외국인들을 열광하게 한 스타의 기획사는 어디인가를 생각해 볼 수 있다. 그들이 한국을 찾는다면 여행사가 필요할 것이고 먹고 잠잘 곳도 필요하다. 여기까지 되었다면 한류의 수혜를 입고 있는 기업, 혹은 입을 것으로 예상되는 기업을 찾아서 공부하면 되는 것이다.

호텔신라는 우리나라의 대표적인 호텔이며 호텔 중에서는 유일한 상장회사다. 비교 대상이 없다는 점에서 기업의 가치 대비 주가를 평가하는 데 어려움이 있었지만 성장성을 감안하면 저평가라고 봐도 좋은 정도였다. 호텔은 서비스업이라 이익을 크게 내지 못한다. 나는 호텔신라가 단순한 숙박업이 아니라 우리나라의 음식문화를 세계에 알리는 일에 선도적인 역할을 해내지 않을까 기대했었다. 그것이 내가 동업자로서 생각하는 호텔신라의 장기적인 수익 모델이었다. 회사에 가서 설명을 들어 보았더니 그런 계획은 전혀 없다고 했다. 당시 호텔신라는 면세점에 약 1700억 원을 투자하는 계획을 진행 중이었다.

이 시점에서 내 자금 사정이 꼬이면서 한 종목 정도를 정리해야 하는 상황이 되었다. 나는 장기적으로 신라호텔의 성장성을 확신했지만 그 기간은 조금 더 길게 보았다. 그래서 약 45퍼센트의 수익을 보고 2010년 4월 2만 4000원대에서 모두 정리했다. 내 기준에서 보면 초단기투자였던 셈이다. 현재 주가가 5만

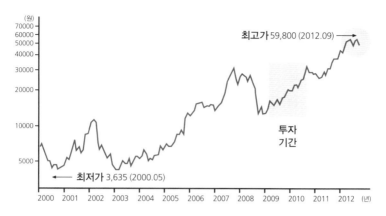

[그림8] 호텔신라 차트

4000원대에서 거래되고 있으니 내 예상보다 빨리 성장한 것이다. 꽤나 아쉬움이 남는 종목이다.

매번 신문에서 변화의 조짐을 어떻게 찾아내느냐고 불평할 필요는 없다. 3~4년 투자한다고 생각하면 1년에 한 종목만 발굴한 뒤에 공부, 소통, 동행을 하면 된다. 직업이 있는 상태라면 그조차도 그리 만만한 일은 아니다. 그리고 가능한 한 자신의 관심 분야나 직업적으로 연관 있는 업종이 좋다. 적어도 그 분야에서만큼은 애널리스트보다 더 유리한 지점에 설 수 있다.

신문을 보면서 하나의 현상이 다른 분야에 어떤 파급력을 미칠 것인가를 상상하고 그 상상의 합리성을 뒷받침할 자료를 찾아보는 일을 반복한다면 단언컨대, 투자의 기회는 널려 있다.

문화콘텐츠산업에 주목하라

앞서 K-POP, 한류를 말한 김에 문화콘텐츠산업에 대한 이야기도 덧붙이고자 한다.

얼마 전 '톰 크루즈 싸이앓이'가 한 포털사이트에 인기검색어 목록에 오른 적이 있었다. 대표적인 할리우드 배우인 톰 크루즈가 가수 싸이의 q강남스타일 r 뮤직비디오를 보고 그 매력에 푹 빠졌다는 것이다. 이 뮤직비디오는 유튜브에서 52일 만에 조회수 1억 건을 넘겼다. 세계적인 배우가 우리나라 가수에게 먼저 SNS 팔로우를 신청했다니 신선하고도 놀라운 일이다. 소속사인 YG엔터테인먼트는 미국의 대형 음반사와 계약을 맺어 싸이가 전 세계로 진출할 수 있는 든든한 발판을 마련했다.

나는 이번 '강남스타일 사건'이 걸출하고 특이한 연예인이 혼자서 만들어 낸 거라고 생각하지 않는다. 박진영으로 대표되는 JYP엔터테인먼트의 원더걸스, SM엔터테인먼트의 여러 가수들이 팝의 본고장에 진출하기 위한 노력을 해 왔다. 그런 노력들이 가능성의 공간을 크게 넓혀 놓았기 때문이라고 본다. 한류가 회자된 지는 꽤 오래되었지만 그동안은 동남아 국가에 한정되어 있었다. 소비 여력이 큰 시장이 열림으로써 이제야 진짜 '제대로 된 장사'를 할 수 있게 된 것이다. 이제 시작이라는 점에서 매력이 크다고 판단된다.

문화콘텐츠 분야에서 또 하나의 수출 품목이 온라인게임이다. 우리나라는 이 분야에서만큼은 풍부한 자원을 갖고 있다. OECD 국가 중 인터넷보급률 1위이며 많은 게임 유저들이 있다. 세계 유수의 게임들이 한국시장에서 첫 선을 보이곤 하는 것도 이같은 이유 때문이다. 한국콘텐츠진흥원에 따르면 2012년 게임 수출액은 24억 6800만 달러로 22억 1200만 달러였던 2011년에 비해 약 11.6퍼센트 늘어날 전망이라고 한다.

전체 시장의 규모 역시 커지고 있다. 유럽의 온라인게임시장 규모는 2008년 약 2조 2166억 원이던 것이 2011년에는 약 3조 3594억 원으로 성장했다. 2013년에도 약 1조 원 가량 더 증가할 것이라는 분석이 있다. 이런 흐름이 보여주듯, 넥슨의 유럽 법인의 매출은 진출 첫해인 2007년에는 3억 5000만 원에 불과했지만 2011년에는 286억 7000만 원으로 약 80배가 늘었다.

온라인게임산업의 전망을 내게 묻는다면 아주 밝다고 답할 것이다. 그러나 앞으로 투자할 거냐고 물으면 심경이 복잡해진다. 사실 몇 년 전에 웹젠, 게임하이 등의 게임주에 투자한 적이 있었다. 기업의 흐름, 그에 따른 주가의 흐름도 내가 예상한 대로 움직였다. 보통 때라면 본격적인 투자를 해야 할 시기였는데 매도를 했다. 나도 벌써 구세대가 되었는지 우리 애들이 핸드폰만 들여다보고 있으면 왠지 화가 난다. 게임을 하면 걱정도 된다. 게임주에 대한 공부를 할수록 기업과 업종 자체에 대한 확신은 서는데, 또 한편으로는 우리 애들 얼굴이 떠올랐다. 나는 단순하게 사는 걸 좋아한다. 게임주에 대한 투자가 내 마음을 어지럽게 한다면, 내 행복에 기여하지 못한다면 매도하는 것이 좋겠다고 판단했다.

또 하나 고백하자면 엔터테인먼트주에도 투자하지 못하고 있다. 내가 투자하는 문화콘텐츠기업은 출판이다. 출판은 좀 알겠는데 가수들은 잘 모르겠다. 싸이는 참 특이한 가수이긴 한데 어떤 매력이 있는지 잘 모르겠다. 또 아이돌 그룹은 누가 누군지도 모르고, 그룹 이름은 알지만 어떤 가수가 그 멤버인지 모르며 유행하는 노래가 좋은지도 모르겠다. 가수와 노래가 문화콘텐츠산업의 상품인데, 그 상품을 판별할 눈이 내게는 없는 셈이다. 내가 싸이의 노래에 열광하는 날이 오든지, 아니면 문화콘텐츠 상품을 판별할 다른 방법을 찾을 때까지 투자하기는 어려울 것 같다.

하지만 이 분야에 대한 관심과 식견이 있다면 충분히 투자해볼 만한 기업이라는 점은 분명하다.

한국 온라인게임산업의 미래

문화콘텐츠의 힘

지난달 19일 세계 3대 게임쇼 중 하나인 '게임스컴Gamescom'이 독일 쾰른에서 열린 데 이어, 지난 5일에는 북미 최대의 게임쇼 'PAX 2009'가 미국 시애틀에서 성황리에 개최됐다. 이 축제에서 한국 게임산업을 대표하는 엔씨소프트와 넥슨이 출전, 최고의 인기몰이를 했다는 소식이 매스컴을 통해 전해졌다.

흔히 21세기를 문화콘텐츠의 시대라고 한다. 20세기가 군사력과 경제력의 '하드파워'의 시대였다면 21세기는 문화와 콘텐츠 등을 기반으로 한 '소프트파워' 시대다. 문화콘텐츠의 핵심은 창의력과 상상력이다. 또 이를 구현할 기술력도 필수다. 디지털 시대에는 문화콘텐츠에 문화산업기술, 즉 CTCulture Technology를 접목해야 콘텐츠를 구현해 부가가치를 키울 수 있다.

CT는 문화와 디지털기술이 만나 새롭게 탄생한 기술 분야다. 그리고 CT의 총합체가 바로 게임산업이다. 세계 최고의 인터넷 속도를 자랑하는 인터넷 강국, 반도체·디스플레이 생산 세계 1위, 세계 IT업체들이 앞다퉈 신제품의 시장성을 시험하는 '얼리어 답터early adopter' 국가 등이 해외에서 바라본 한국의 이미지다. 한국은 이미 IT 선진국이다. IT가 강한 한국에서 풍부한 상상력과 끼를 지닌 우리 젊은이들이 새롭게 부상하고 있는 세계 온라인게임시장에서 두각을 나타내고 있는 것이다. 따라서 한국 게임산업의 현재를 분석하고, 미래를 예측하면 투자자 입장에서 '기회'를 포착할 수 있다.

세계 게임시장은 온라인게임과 비디오 등 비온라인게임으로 나뉜다. 한국은 초고속인터넷의 발달로 온라인게임이 주류를 이루나 미국, 유럽, 일본 등 선진 게임시장에서는 80퍼센트 이상의 시장을 비온라인게임이 점유하고 있다. 소니의 '플레이스테이션'이나 MS의 '엑스박스' 등 비디오게임시장이 압도적이라는 얘기다.

한국은 1998년 엔씨소프트가 온라인게임 '리니지'를 상용화한 이후 지속적으로 성장했다. 2008년 기준 한국 온라인게임시장 규모는 2조 5000억 원에 이른다. 또 지난해 900만 달러어치의 한국게임을 수출하기도 했다. 그간 성장하면서 축적한 기술을 바탕으로 엔씨소프트는 최근 유럽과 북미지역에서 '아이온'을, 넥슨은 '던전앤파이터'를 출시해 인기몰이에 나섰다. 상당수 게이머들은 한국게임이 다중온라인롤플레잉게임MMORPG의 효시로 불리는 블리자드의 'WOW'를 대체할 수 있을 것으로 보고 있다.

인터넷기술이 앞으로 더욱 발전할 것이라는 점은 자명하다. 삼성증권에 따르면 세계 온라인게임시장 규모는 2008년 90억 달러에서 2010년 135억 달러로 약 50퍼센트 성장할 전망이다. 또한 2010년께 비디오게임과 PC게임은 역성장하는 데 반해, 온라인게임은 20퍼센트 가량 성장할 것으로 예상된다.

특히 주목할 부분은 중국 온라인게임시장 규모가 2008년 약 3조9900억 원에서 2010년 5조 7200억 원으로 34퍼센트 가량 커질 것이라는 점이다. 올 상반기 중국의 인터넷 보급률은 24.2퍼센트, 2008년 기준 온라인게임 유료 사용자 수는 2700만 명으로 추정된다. 온라인게임은 인터넷 보급률이 상승할수록 시장이 더 커지는 구조이므로 중국시장은 무한한 성장잠재력을 갖고 있다.

필자는 한국의 게임업체들이 이제 막 성장 단계에 들어선 온라인게임시장을 선점할 것으로 본다. 중국시장에서는 이미 시장 선점에 들어갔고, 유럽과 북미지역에서도 좋은 평판을 쌓아 가고 있다. 정부가 게임산업의 육성을 위해 각종 세제지원은 물론, 수

출산업으로서의 지원체계를 수립해 여러 방면으로 지원하고 있기에 충분히 해 볼 만한 싸움이다. 참고로 온라인게임 분야에서 한국은 미국과 함께 3차원 MMORPG 및 캐쥬얼게임에서 독보적인 경쟁력을 보유하고 있다. 중국업체들이 빠르게 성장하고 있으나 아직은 2차원, 혹은 2.5차원 MMORPG 게임을 만드는 수준이다.

문화콘텐츠산업의 힘은 막강하다. 미국의 〈스타워즈〉 시리즈나 일본의 〈포켓몬스터〉가 창출한 부가가치는 상상을 초월한다. 한국도 게임 분야에서 이 같은 문화콘텐츠 '작품'을 만들어 세계시장을 석권할 준비를 착실히 하고 있다. 인터넷 최강국의 자부심, 높은 수준의 개발인력과 IT기술, 풍부한 경험을 쌓은 경영진, 열정과 끼를 가진 국민, IT에 대한 정부의 지원과 관심은 이제 막 열리고 있는 세계 온라인게임시장을 이끌기에 충분한 토대다.

이쯤 되면 미래를 보고 투자하기에 한국의 게임업체들은 손색이 없다고 본다. 세계시장을 노크하고 있는 엔씨소프트의 '아이온', 넥슨의 '던전앤파이터', 게임하이의 '서든어택' 및 국내 최초 수출용으로 만들어진 '메탈레이지' 등은 향후 한국 게임산업의 위상을 높일 뿐 아니라 훌륭한 투자처가 될 것이다.

_《한국경제》, 2009.09.16

변화를 읽으면 돈이 보인다

옛말에 '萬物靜觀皆自得만물정관개자득'이라 했다. 만물은 완전하다는 뜻으로 그 안에 모든 것이 들어 있다는 의미이다. 이 말에 전적으로 동감한다. 만물은 변하고, 변화는 그 속에서 이루어진다. 변화하고 있는 현상을 우리는 있는 그대로 보면 되는 것이다.

하지만 사람들 대부분은 자신의 주관적인 잣대로 관찰하고 분석하고 판단한다. 남을 보긴 쉽지만 스스로를 보긴 어렵다. 사물을 있는 그대로 보는 게 쉬운 것만은 아니다. 하지만 변화의 과정을 정확하게 인식하고 판단해 어떻게 대응하느냐에 따라 당신의 미래는 달라질 것이다.

이러한 이치를 주식시장에 적용해 보자. 우리는 증시에서 변화의 모습을 어떻게 찾아야 할까? 가장 유용한 수단은 바로, 정부의 정책 방향을 파악하는 것이다. 정부 정책의 방향만 잘 읽어도 경제의 흐름이나 기업의 성장성, 심지어 수익성까지도 대략 예측이 가능하다. 단기 예측은 어려워도 6개월, 혹은 2~3년 후의 중장기적 기업성과는 알 수 있다.

필자가 2007년부터 투자한 자전거주가 단적인 사례다. 오세훈 서울시장은 당시 시장에 당선된 이후 취임 일성으로 서울의 환경과 교통, 시민의 건강을 위해 자전거 중심의 정책을 적극 펴 나가겠다고 했다. 마침 환경 친화적 자전거산업에 관심을 두고 있던 필자는 오 시장의 정책에 주목했다. 이 정책이 발표된 이후 자전거산업에 대한 조사에 들어갔다. 조사 결과, 우리나라 자전거산업은 매우 미약했다. 주요 부품 대부분이 일본이나 유럽의 제품이었고, 일반 상용부품은 대만이나 중국부품을 구입해 조립하는 식이었다.

이는 곧 기회로 여겨졌다. 자전거산업이 발전하지 못한 만큼, 앞으로의 성장성은 매우 높다는 판단이 들었다. 특히 자전거 수요가 늘어나면 국내 시장점유율이 55퍼센트에 이르는 삼천리자전거의 성장은 불을 보듯 뻔했다. 이 회사는 전국적으로 1000여 개의 대리점망을 보유하고 있는 우리나라 최대 자전거 판매회사다. 또 삼천리자전거에서 떨어져 나와 고급 산악자전거 등을 전문으로 판매하는 첼로스포츠도 정책의 수혜가 예상됐다. 첼로스포츠는 고급자전거 이외에도 장갑이나 헬멧 등 관련 용품도 판매해 자전거산업 발전의 혜택을 고스란히 받을 것으로 내다봤다.

필자는 이러한 판단 아래 장기적으로 자전거업체에 투자할 생각이었다. 2007년부터 관련 주식을 사 모은 것은 교통수단의 패러다임이 바뀌고 있다는 판단에서였다. 하지만 투자한 지 3년 만에 필자는 자전거업체 주식을 팔았다. 정부의 적극적인 자전거 정책에 힘입어 관련 기업의 주가가 급작스레 올랐기 때문이다. 기대보다 훨씬 많은 수익에 뿌듯하면서도 감사한 마음이다.

요즘 투자를 많이 늘리고 있는 산업은 바로 금융투자회사(증권사)이다. 이유는 너무도 단순하다. 금융업이 다른 어떤 산업보다 발전할 것으로 믿기 때문이다. 글로벌 금융위기는 우리에게 두 가지 숙제를 안겨 주었다. 세계수요 둔화에 따른 내수시장의 육성과 금융산업의 발전이 그것이다.

내수시장이 취약한 탓에 우리 정부는 내수시장을 키우는 것이 시급하다고 판단하고 있다. 내수시장에서는 무엇보다 금융산업의 육성과 발전이 필수적이다. 정부가 금융위기의 와중에도 지난 2월 자본시장법을 예정대로 시행하는 등 많은 노력을 하고 있는 것도 이러한 맥락이다.

시일은 다소 걸리겠지만 정부는 정부대로 국제금융시장을 리

드하는 '빅' 투자은행IB이 탄생하길 고대하고 있고, 업계는 업계 대로 합종연횡을 통해 대형 투자은행으로 크기 위한 부단한 노력을 기울이고 있다. 이런 게 바로 앞에서 말한 변화이다. 이제 시작에 불과하지만 한 번 변화하기 시작하면 속도는 상당히 빠를 것으로 본다.

그러면 과연 어떤 금융투자회사가 우리의 기대에 부응하는 대형 투자은행으로 클 것인가. 제조업의 삼성전자나 포스코처럼 글로벌 금융투자회사로 성장할 수 있는 잠재력 있는 증권사를 찾는 혜안이 필요하다. 증권사 가운데 삼성증권과 미래에셋증권은 자산영업 중심으로 사업을 하고 있다. 대우증권과 대신증권, 현대증권은 위탁매매가 주된 수입원이다. 트레이딩과 IB가 강한 곳은 우리투자증권과 하나금융지주가 꼽힌다. 이들 회사 정도가 글로벌 플레이어로 성장 가능하다고 본다.

올해부터 시행된 자본시장법으로 인해 금융투자회사의 업무영역과 수익원은 훨씬 다양해졌다. 전반적으로는 주식시장의 영향을 받겠지만 개별 회사의 능력에 따라 성과가 다르게 나타나는 구조가 만들어졌다. 이 점이 중요하다. 아직 우리 증권산업의 수익구조는 선진형 수익구조와 차이를 보이고 있으나, 2000년 73퍼센트에 달했던 위탁매매 수익비중이 지난해에는 60퍼센트로 감소하는 등 질적인 개선이 이뤄지고 있다. 앞으로는 증권사들이 각각의 특성에 맞게 강점을 살리면서 자기자본을 확대하고 특화해 나갈 것으로 예상된다.

은행 또한 최근 본격적으로 IB 부문을 강화하기 시작했다. 국내 최대 은행인 국민은행은 증권사 인수에 가장 적극적이다. 소형 증권사보다는 대우증권같이 대형 증권사를 인수합병M&A하려 한다. 글로벌 금융위기로 재편되고 있는 국제금융시장에서 우리 증권사가 주도적인 역할을 하기 위해서는 대형화가 필수적이기에 국민은행의 국내 대형 증권사 인수 추진은 긍정적이다. 여기에 더해 대우증권과 우리투자증권의 합병, 혹은 국민은행과 대신증권과의 제휴 등도 시너지효과가 클 것으로 예상되기에 실제 '합종연횡'이 이뤄질 수 있다고 본다.

우리나라도 증권사가 금융투자회사로 한 단계 도약하는 시점에 이르렀다. 중대한 변화의 기점에 금융회사들이 놓여 있는 것이다. 변화하고 있는 환경을 제대로 인식해야 한다. 변곡점의 순간을 포착해 기회를 놓치지 않는 사람이 투자 세계에서 성공할 수 있다. 그러나 지금도 금융업계에 종사하는 수많은 사람들이 변화하는 과정을 제대로 인식하지 못하고 있는 것을 보면 안타까운 마음이다. 찰스 다윈은 "생존하는 자는 강한 자가 아니라, 변

화하는 환경에 잘 적응하는 자"라고 했다. 주식시장에서도 변화
하는 환경에 잘 적응하는 투자자가 살아남을 수 있다.

_《한국경제》, 2009.07.22

두 발로 꿈꾸는 세상

요즘 몇 년 사이 건강과 레저에 관심이 늘면서 자전거를 타는 사람들이 부쩍 늘었다. 주말이면 울긋불긋한 아름다운 복장에 '완전군장'을 하고 삼삼오오 또는 10~20명씩 무리지어 라이딩하는 모습이 쉽게 눈에 띈다. 필자도 가끔 동호인과 자전거를 탄다.

지난 토요일 오후엔 어린 막내아들과 함께 자전거를 탔다. 반포에서 출발해 여의도와 안양천을 지나 행주대교를 건너 한강의 강북코스를 이용해 반포 잠수교로 돌아오는 코스다. 유유히 흐르는 한강을 끼고 다양한 둔치 놀이문화터를 눈으로 즐기면서 잘 닦인 자전거길을 네 시간이나 탔다.

우리는 참으로 축복받은 민족이라는 생각이 절로 들 정도로 한강은 아름다웠다. 이것이 지난 50년간 우리가 일궈 온 한강의 기적 아닌가. 지금도 변화를 꿈꾸고 있는 한강을 보면서 눈부시

게 발전한 서울이 오버랩되는 것은 왜일까. 끊임없이 변화와 진보를 추구하는 서울과 한강, 나아가 대한민국을 진정 명품으로 만드는 일이 무엇보다 중요하고 시급한 일이란 생각이 든다. 시원한 바람을 맞으면서 이런 애국적 상념에 젖을 수 있는 것도 천천히 자전거를 타면서 몸으로 느낄 수 있기에 가능한 일이다.

자전거는 인간과 사회의 이기利器다. 페달링을 계속 해야만 굴러가는 자전거는 흡사 우리네 인생과도 같다. 저탄소 녹색성장과 함께 자전거에 대한 인식이 변화하면서 관련 인프라도 크게 확충되고 있다. 서울시의 적극적인 자전거타기 시책과 창원시에서 시작된 자전거 도시가 전국으로 확대될 조짐을 보이고 있어 자전거 마니아인 필자로서는 기쁨과 함께 기대가 무척 크다.

자전거를 잘 활용하고 있는 유럽의 예를 보자. 독일은 이산화탄소 저감대책과 자전거 친화형 도시조성, 자전거 수송분담률 제고를 위해 1979년부터 'Bike Friendly City' 정책을 추진했다. 현재 130개 도시에서 자전거 전용도로를 개설해 수송분담률이 26퍼센트에 이르며, 공영 자전거 이용 시스템을 성공적으로 도입하고 있다. 프랑스는 자전거 수송분담률이 45퍼센트나 된다. 도시 어디서나 자전거를 싸게 빌려 탈 수 있는 'velo'(자유) V정책과 지하철 연계 시스템은 우리에게 시사하는 바가 크다.

이웃나라 일본은 1970년부터 자전거 정책을 추진해 왔다. 자전거 보급 대수가 8700만여 대로 보급률이 67.8퍼센트에 이른다. 우리의 4배에 달한다. 그러나 자전거 전용도로가 부족한 점이 흠결이라는 자체 평가와 함께 이에 대한 보완정책에 많은 힘을 쏟고 있다고 한다.

비록 우리나라는 좀 늦은 감이 있지만 주요 자전거 선진국의 성공과 실패 사례를 교훈 삼아 자전거와 함께 두 발로 꿈꾸는 세상을 만들어 보자. 서울의 한강길, 충청도의 금강길, 전라도의 영산강길, 경상도의 낙동강길과 한반도를 가로지르는 155마일 휴전선 비무장지대길, 그리고 속초에서 시작해 한반도를 U자로 주행하는 한반도 일주길……. 생각만 해도 가슴이 벅차오른다.

_《한국경제》, 2010.06.2

:

기회는 이름을
불러주는 사람의
몫이다

여덟 살짜리 영국 소년이 해변을 산책하다가 7200만 원짜리 용연향을 주웠다고 한다. 용연향은 향유고래의 분비물로 고급 향수의 원료라고 한다. 기사에 올라 있는 사진을 보니 꼭 노란 스펀지 같기도 하고 그냥 돌덩이처럼 보이기도 한다. 열 살도 안 된 아이가 해변에서 노란 덩어리를 보자마자 '저건 용연향이다'라고 했을 것 같지는 않다. 또 그 노란 덩어리를 본 사람이 소년뿐이었다고 생각되지도 않는다. 다들 무심코 보고 지나쳤는데 소년의 눈에는 좀 신기해 보였을 것이다. 그래서 가져왔는데 누군가 그 가치를 알아보지 않았을까. 내가 해변에서 용연향을 봤다면 바다의 오염을 걱정하면서 쓰레기통에 버렸을지도 모르겠다.

그런 용연향 같은 정보를 2000년에 들었다. 대성전선이 핵융합용 초전도체를 개발해 한국기초과학지원연구원에 납품한다는 소식이었다. 나는 이 기사를 보고 충북 청원공장으로 달려갔다. 그러고는 그해 10월경 약 2개월에 걸쳐 1만 5000~2만 원대에서 매수했다. 전선회사는 거시경제의 흐름과 같이 가는 경향이 있는데 당시는 IT 버블이 꺼지면서 시장상황이 좋지 않았다. 그래서 대성전선은 가치에 비해 저평가되어 있었다.

다른 종목에 비하면 상당히 빨리 매수를 끝냈는데 1990년대 중반에 대성전선에 대한 공부를 했기 때문이었다. 당시 대성전선은 중견 전선업체 중에서 매출과 수익성이 가장 좋고 재무구조가 우량했다. 내수비중이 70퍼센트 이상이어서 안정적이기도 했다. 1990년대에 들어 전력용 초전도케이블을 개발하기 시작해 1997년에 개발 완료했지만 외환위기로 주목받지 못했다. 내가 핵융합용 초전도체 납품 소식을 듣고 곧바로 가치 있는 투자 정보임을 알아볼 수 있었던 것도 이때 해 둔 공부 덕분이었다.

초전도체는 1911년에 처음 발견되었는데 특정 온도 이하(임계온도)에서 전기저항이 제로에 가까워지는 도체를 일컫는 말이다. 초전도체는 전선뿐 아니라 자기부상열차, MRI, 전자소자 등에 쓰이고 있다. 기술이 더 발전한다면 그 쓰임새는 무궁무진해질 것이다. 핵융합도 초전도체의 여러 쓰임새 중 하나다. 핵융

구분	2001.09	2001.12	2002.12	2003.12	2004.12
매출액	1,065	229	869	1,022	1,392
영업이익	-36	-12	13	3	-39
순이익	-3	-5	73	42	20
EPS	-79	-132	1,921	1,105	526
BPS	27,184	27,105	27,736	28,315	27,868

출처 : 전자공시시스템(DART)

합발전소는 무한대로 있는 수소를 연료로 하는데, 태양이 핵융합으로 에너지를 만들고 있다. 우리나라의 국가핵융합연구소는 2022~2036년까지 핵융합발전소 건설능력 확보를 목표로 하고 있다. 빠르면 약 10여 년 후에 오염물질을 배출하지도 않고 원료도 무한한 발전소가 생기는 것이다.

2000년 기준으로 보면 핵융합용 초전도체는 20여 년 후에나 상용화될 수 있는 기술이었다. 또 대성전선이 연구원에 납품하는 초전도체는 실험용이었기 때문에 매출에 큰 영향을 미치지 않았다. 그런데도 내가 투자 기회라고 생각한 것은 기술력을 높이 샀기 때문이다. 20년 후에 쓰일 기술을 보유하고 있는 기업이라면 현재 상용화되어 있는 기술 역시 다른 회사에 비해 좋을 거라고 보는 게 합리적이다.

초전도체에 대한 시장의 인식이 낮았던 탓에 납품 뉴스가 나간 이후에도 별다른 반응이 없었다. 그러다가 2~3개월이 지난 후에야 애널리스트들이 탐방보고서를 쏟아내면서 큰 폭의 성장성이 전망되는 저평가 우량주로 평가받았다. 2001년 3월에는 세계 1위 전선업체인 프랑스계 기업 넥상스가 자본참여를 하면서 주가는 2만 원대에 안착했다. 2001년 4월에는 넥상스코리아로 상호가 변경되었고 영업실적도 개선되는 추세를 보였다. 2004년에는 3만 원대에 진입했다. 더 보유할 계획이었는데 넥상스가 상장폐지를 위한 공개매수를 시작했다. 더 이상 투자 메리트가 없어져 2004년 여름 3만 5000원대에 전량을 매도했다.

용연향이 가격표를 달고 있지 않듯이 투자 기회가 되는 정보는 기회라는 이름표를 달고 다니지 않는다. 짐짓 가치 없는 정보인 듯 수많은 정보들 사이에 슬며시 끼어 있다. 시간이 지나 여러 사람이 기회라는 이름표를 달아주면 이미 가치 없는 정보가 되어 있을 때가 많다. 사람들이 알아보지 못할 때, 혹은 긴가민가하고 있을 때 정보의 가치를 알아보는 식견이 필요한 것이다.

_____ 정보의 파동을 유추하라

2008년 초부터 미국발 금융위기설이 나돌았다. 3월에는 미국의 세계적인 투자금융회사인 베어스턴스가 도산했다. 원 달러 환

[표10] **현대차 손익 및 투자지표 추이** (단위:조 원, 원)

구분	2007	2008	2009	2010	2011
매출액	30.6	32.2	31.8	36.8	42.8
영업이익	1.9	1.9	2.2	3.2	4.7
순이익	1.7	1.5	3.0	5.3	4.7
EPS	6,192	5,319	10,890	20,516	28,200
BPS	55,633	59,888	66,818	100,148	124,874

출처 : 전자공시시스템(DART)

율이 가파르게 오르고 제2의 환란설이 나돌면서 시장은 점점 더 악화일로를 걷고 있었다. 마침내 세계 제2위의 투자금융회사인 리먼브라더스가 부도를 맞으면서 시장이 패닉 상태에 빠진 것이 10월이었다. 환율은 1400원대로 치솟았고 코스피 지수는 900포인트까지 추락했다. 어제의 일처럼 생생한 글로벌 금융위기 때의 일이다.

당시 나는 세 가지 상황을 유의 깊게 관찰했다. 첫 번째는 우리 정부의 정책이었고 두 번째는 금융위기의 진원지인 미국에서 무슨 일이 벌어질 것인가였다. 세 번째가 위기 상황에 대처하는 개별 기업의 전략이었다.

MB정부가 내놓은 해법은 고환율을 동반한 강력한 수출 드라

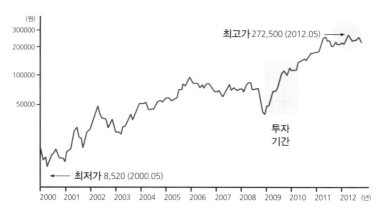

(원)
300000
200000
100000

50000

최고가 272,500 (2012.05)

**투자
기간**

최저가 8,520 (2000.05)

2000 2001 2002 2003 2004 2005 2006 2007 2008 2009 2010 2011 2012 (년)

[그림9] 현대차 차트

이브 정책이었다. 수출 드라이브 정책이니 당연히 수출을 많이 하는 기업이 유리할 것이다. 많은 기업들 중 내가 눈여겨 본 기업은 현대차였다. 고환율의 최대 수혜주가 될 거라고 생각했고 정몽구 회장의 글로벌 수출전략이 2009년부터 본격화될 거라는 정보는 이미 세간에 알려져 있었다. GM, 크라이슬러, 포드 등 미국의 자동차 회사들은 경영실적 악화로 체력이 약해져 있었다.

크게 이 세 가지 정보로 나는 현대차에 투자하기로 결정했다. 2008년 5월 9만 원대 초반이었던 현대차의 주가는 그해 10월 3만 원대 중반까지 떨어졌다. 이후 세계적인 위기를 해결하기 위해 G20 등 국제공조가 신속하게 가동되면서 증시는 다시 상승세로 전환되었다. 11월 현대차의 주가는 4만 원대까지 회복되었고 나는 이때부터 12월까지 4만 원대를 넘지 않는 선에서 매수를 마무리했다.

현대차는 미국 자동차 회사들이 부진한 틈을 타 대대적인 마케팅을 펼치는 한편 디자인 혁신을 위해 독일의 유명 차 디자이너를 영입했다. 또 현지 생산 강화 등을 통해 미국 내에서 현대차에 대한 좋은 이미지를 심기 위해 노력했다. 앞의 [표10]에서 경영실적 추이가 보여주듯 현대차의 매출액은 급증했다. 2009년 순이익은 2008년의 두 배였다. 현대차의 미국 차 시장점유율은 2퍼센트 초반에서 현재는 12퍼센트대까지 상승한 상태.

나는 2010년 말 미국이 2차 양적완화를 실시하기 전에 매도했는데 다들 아시듯이 현대차의 주가는 2012년 5월 최고 27만 원대까지 상승했다.

발전하고 있으면 더욱 발전하게 해 주고 어려운 상황이 발생하면 그것을 해결하는 것이 정부의 일이다. 정부의 정책은 시장 전체에 막강한 영향력을 미친다. 그래서 정책 수혜주라는 테마가 끊이지 않는 것이다. 적어도 주식투자를 하는 사람이라면 정책이 발표될 때 기자와 전문가들의 분석에만 기대지 말고 스스로 정책의 파동이 어디로 흘러갈지 유추해 보는 훈련을 해야 한다.

물론 정보의 파동이 정부 정책으로부터만 발생하지는 않는다. 세상에 생산되는 모든 정보는 파동을 일으킨다. 다만 파동의 크기가 다를 뿐이다. 투자자들이 주목해야 하는 정보는 거대한 파

[표11] 삼광유리 손익 및 투자지표 추이 (단위:억 원, 원)

구분	2004	2005	2006	2007	2008
매출액	1,675	1,524	1,781	2,002	2,267
영업이익	60	65	111	140	134
순이익	33	43	107	131	181
EPS	779	897	2,196	2,702	3,742
BPS	2,291	2,367	2,536	2,788	3,064

출처 : 전자공시시스템(DART)

동을 일으키는 정보, 다시 말해 패러다임의 변화를 예고하는 정
보다. 패러다임의 변화는 새로운 패러다임이 나타날 때까지 상당
기간 지속되므로 변화의 초기에 그 흐름을 파악할 수 있다면 큰
기회를 잡을 수 있다. 이러한 정보들 역시 은밀하게 돌아다니지
않는다.

2006년 9월 즈음, 나는 삼광유리를 매수했다. 본래 이 기업
은 유리병과 맥주 캔을 만들어 납품했다. 안정적일 수는 있겠지
만 성장성은 그다지 없었다. 그런데 변화가 나타났다. 2005년
무렵, 우리나라에는 웰빙 열풍이 불었다. 1인당 GDP 2만 달러가
될 거라는 예상이 나오면서 삶의 질에 대한 관심이 높아진 것이
다. 때마침 플라스틱 용기에서 인체에 유해한 호르몬이 나온다는
것이 이슈화되면서 유리 용기에 대한 관심이 높아졌다. 삼광유리
는 이 흐름을 놓치지 않고 유리병을 만드는 기술을 이용해 '글라

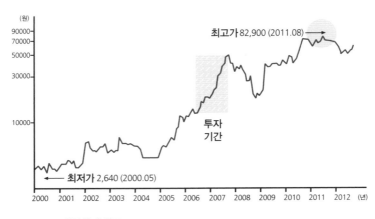

[그림10] **삼광유리 차트**

스락'이라는 용기를 내놓았다. 글라스락은 이내 국내뿐 아니라
미국, 캐나다 등에서도 폭발적인 인기를 누리는 상품이 되었다.

　5000원대에 있던 주가가 2005년 11월 1만 원을 돌파했다. 그
때까지 나는 관심을 갖고만 있었을 뿐 빠른 대응을 하지는 못했
다. 꽤 탄탄한 기업임을 확인하고 매수한 때는 1만 5000원대까
지 상승한 다음이었다. 단기간에 3배가 올랐지만 패러다임의 변
화가 있으므로 그 수혜는 장기간 지속될 거라고 보았다. 이후에
도 삼광유리는 계속 좋은 성과를 거두었고 나는 약 1년 뒤 4만
5000원에 매도했다. 2012년 9월 현재 삼광유리는 5만 원대 후
반에 있다.

정보의 파동을 유추하려면 세상을 예민하게 관찰하는 것이 먼저다. 그리고 그 정보가 어떻게 흘러갈지 알려면 정보와 연관된 업종에 대한 이해가 있어야 한다. 그래야 대성전선의 초전도체처럼 공부하지 않은 사람은 모르는 정보를 알아볼 수 있고 기업 외부에서 발생하는 사건 혹은 정보가 어떤 과정을 거쳐 어떤 영향을 미칠지 미리 유추할 수 있다.

투자의 적기는 갈등의 시점이다

"이 세상에 모든 것은 변화한다. 변화하지 않는 것이 있다면 그것은 '이 세상에 변화하지 않는 것은 없다'라는 말뿐이다."

미국의 사회학자 다니엘 벨의 말이다. 그의 말처럼 세상은 늘 변화하고 있고 변화하는 세상에서 살아남으려면 기업도 변화해야 한다. 앞서 '기업의 성장주기에 투자하라'고 했는데 기업은 새로운 주기에 앞서 중대한 기로에 놓이게 된다. 여기서 오판을 하면 쇠락하고 세상의 변화에 맞는 판단을 하면 성장한다. 기업이 이와 같은 고민을 할 때 투자자들의 생각도 복잡해진다. 투자자들은 기업이 고민 끝에 내놓은 전략이 과연 시장에서 제대로 먹힐 것인가를 판단해야 한다. 기업의 전략이 시장의 검증을 받고 성과를 내고 있을 때 이미 주가는 기업의 가치를 반영하고 있다. 매

[표12] **농심 손익 및 투자지표 추이** (단위:억 원, 원)

구분	1998.06	1999.06	2000.06	2001.06	2001.12	2002.12
매출액	10,294	10,753	11,446	11,813	6,222	13,396
영업이익	642	621	743	935	540	1,059
순이익	484	533	750	786	351	801
EPS	7,924	9,387	10,459	10,342	5,027	11,469
BPS	29,825	77,619	87,174	82,552	86,118	93,131

출처 : 전자공시시스템(DART)

출이 올라가고 있을 때는 고평가되어 있는 경우도 많다. 갈등의 시기에 과감한 결단을 내릴 확신이 필요한 것이다.

2000년대 들어 농심은 라면의 고급화라는 중대한 경영방침을 내놓았다. 안정적이지만 저성장인 시장에서 수동적, 방어적 경영을 하는 대신 고성장의 기회를 능동적으로 개척하기로 한 것이다. 1990년대까지 라면은 출출할 때 먹는 간식으로 인식될 뿐 '훌륭한 한 끼 식사'라는 가치를 제대로 인정받지 못하고 있었다. 가격은 200~300원대로 낮았고 디자인도 구식에서 벗어나지 못하고 있었다. 농심은 라면업계의 리딩 컴퍼니로서 라면의 패러다임을 바꾸겠다는 결정을 한 것이다. '라면의 가격을 파격적으로 인상해도 소비자들이 사 줄 것인가'라는 질문이 당시 농심과 이

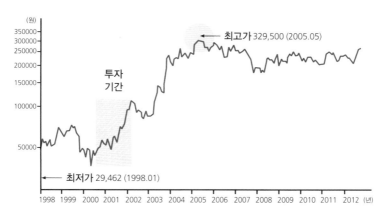

(원)
350000
300000
250000
200000
150000
100000
50000

최고가 329,500 (2005.05)

투자
기간

최저가 29,462 (1998.01)

1998 1999 2000 2001 2002 2003 2004 2005 2006 2007 2008 2009 2010 2011 2012 (년)

[그림11] 농심 차트

를 바라보는 투자자들의 고민이었다.

나는 세 가지 측면에서 투자 결정을 내렸다. IT 버블 붕괴 여파로 주가가 충분히 떨어졌다는 것이 첫 번째 이유였다. 두 번째는 현실에 안주하지 않고 라면의 고급화라는 과감하고도 능동적인 전략을 택했다는 것이다. '과감하고 능동적'이라고 표현했지만 내가 보기엔 라면의 고급화는 시대의 변화에 맞추는 온건하고도 합리적인 결정이었다.

세 번째는 기업에 대한 믿음이었다. 농심은 1996년 중국 현지에서 라면을 생산하기 위해 상하이에 공장을 설립했다. 2000년에는 연간 3억 개의 라면을 생산하는 선양 공장이 준공되었다. 1996년에 200만 달러였던 매출은 2000년에는 1300만 달러로 늘어 있었다. 단순히 매출이 늘었다는 점 때문에 믿음이 생기지는 않았다. 농심은 중국인의 라면에 대한 패러다임을 변화시켰다. 1996년까지만 해도 중국인에게 라면은 '뜨거운 물을 부어 불려 먹는 것'이었다. 즉 '라면=컵라면'이었던 것이다.

그러나 농심은 컵라면 대신 끓여 먹는 라면으로 승부했다. '라면은 끓여 먹어야 맛있다'는 광고를 내보내고 대대적인 시식 행사를 하는 등 라면에 대한 중국인의 인식을 바꾸기 위해 노력했다. 2000년 당시에는 한창 고군분투하고 있던 중이긴 했지만 매출이 성장세에 있는 등 성공을 만들어가는 과정으로 보았다. (현재 중국 북방 지역의 소비자 69퍼센트는 라면을 끓여 먹는다고 한다.) 중국시장의 패러다임을 변화시키는 뚝심과 전략이 있는 기업이라면 국내 라면시장의 고급화에도 성공할 것이라는 게 당시 내 판단이었다.

이 같은 판단을 바탕으로 2000년 5월 4만 원대에서 매수했다. 이후 농심의 고급화 전략은 성공했고 매출액도 크게 향상되었다. 나는 2002년 3월 12만 원대에 매도했다.

가치 있는 정보는 늘 미래를 가리킨다. 그리고 미래는 늘 불확실성을 내포하고 있다. 미래의 불확실성은 투자자를 혼란스럽게 하지만 불확실하기 때문에 투자가 가능하다. 이 불확실성을 확신으로 바꾸려면 유용한 정보들을 수집하고 그 정보들의 흐름을 파악한 뒤 결론이 나왔을 때 과감하게 결정할 수 있는 배짱이 필요하다.

::

동업의 기준으로
판단하라

이 책의 목적을 하나로 정리하라고 하면 독자 여러분이 갖고 계신 주식투자에 대한 개념을 바꾸는 것이다. 주식투자를 매매의 영역에서 투자의 영역으로 바꾸자는 것이다. 이렇게만 이야기하면 오해의 소지가 생긴다. 투자는 돈 놓고 돈 먹기라고 인식하는 것이 우리나라의 투자문화이기 때문이다. 그래서 내가 생각하는 투자의 개념을 명확하게 하기 위해 '동업'이라는 단어를 사용한다. 주식투자를 동업으로 생각하면 매매라고 보는 데서 발생하는 많은 문제들을 해결할 수 있다.

현재 사업을 하고 있는 누군가가 독자께 동업을 제안했다고 하자. 계약서에 사인을 하고 송금하기까지 여러분이 살펴야 하는 내용은 어떤 것들일까?

먼저 같이 하자고 하는 사업의 전망을 봐야 한다. 사양산업을 한다는데 계약서에 사인을 할 수는 없다. 최소한 향후 몇 년간은 업종의 전망이 밝아야 한다. 사회적으로 '공인된 사양업종'이 아니라면 해당 업종의 전망을 판단할 수 있는 식견이 있어야 한다. 그러자면 알고 있는 사업이어야 한다.

동업은 돈을 빌려주고 이자를 받는 형태가 아니다. 사업을 하면서 성과가 나면 나누고 손실이 나면 원금이 줄어든다. 주식에서는 주가하락으로 나타난다. 위험부담이 있는 만큼 은행 이자보다 더 높은 수익률을 기대하는 것이 정상이다. 기대가 충족될 수 있는지를 알려면 해당 사업을 할 때 주된 이익은 어디에서 나오는지, 어떤 위험이 있는지, 그리고 사업을 잘하려면 어떤 능력이 필요한지도 알아야 한다.

재무구조 역시 반드시 고려해야 한다. 장사는 그럭저럭 하는데 부채가 많거나 현금 흐름이 나쁘다면 파트너가 될 수 없다.

동업을 할 때 가장 첨예하게 대립되는 부분이 이익 배분이다. 주식투자에서는 배당이라는 형태로 나타난다. 나는 배당률을 중요하게 생각한다. 우리나라는 외국에 비해 배당률이 현저하게 낮다. 그래서인지 주식투자자들은 시세차익만을 생각한다.

몇 퍼센트 되지도 않는 배당금을 보고 투자하지는 않는다고 하는 사람도 있다. 그러나 동업에 있어서 배당은 기본이다. 이익을 내지 못하면 배당을 못한다. 이익을 냈는데도 배당을 하지 않는다면 동업자가 독식하고 있다는 뜻이다. 물론 이익의 규모, 새로운 투자 등 다양한 변수가 있지만 배당을 하지 않거나 턱없이 낮은 배당률은 좋은 신호가 아니다. 동업 제안자의 과거 배당정책을 보면 '소액 동업자'를 어떻게 생각하는지 알 수 있다. 연결되는 문제인데, 동업자의 정직성도 중요하다. 기업의 이익을 자회사 등을 통해 빼돌리거나 자신을 위해서만 쓰는 대주주도 꽤 있다.

마지막으로, 동업자가 생각하는 사업의 방향에 동의할 수 있어야 한다. 세상은 변하고 기업도 변해야 한다. 미래에도 살아남고 더욱 성장하기 위해서는 올바른 전략을 세워야 한다. 그런데 내가 그의 전략이 어떤 것인지 이해하지 못하거나 납득이 되지 않으면 회사가 어떻게 진화해 갈지 알 수가 없다. 이는 '아는 사업'과 연결되는 지점이다.

이렇게 다 따지다가 언제 동업하느냐, 이런 거 다 따지다가는 주식투자하기 힘들다고 할 수 있다. 그러나 조금만 여유를 가지시라. 돈줄을 쥐고 있는 사람은 여러분이다. 우리나라에만 1800여 개의 기업이 여러분과 동업을 하고 싶어 줄을 서 있다. 엄격한 기준을 가지고 과감하게 퇴겨도 된다.

속속들이 질기게 공부하라

보령제약에 관심을 갖게 된 것은 김승호 회장이 한국능률협회에서 주관하는 한국의 경영자상을 받았다는 기사를 보고서였다. 교보의 신용호 회장, 이병철 회장 등이 받았는데 제약회사 CEO가 한국의 경영자상을 받기는 김승호 회장이 처음이었다. 가정에서는 가장의 역할이 중요하고 배는 선장이 중요하고 축구팀에서는 감독에 따라 선수들의 기량이 달라지고 기업의 운명은 경영자의 역량에 따라 결정된다. 경영인상 수상이 투자 이유의 전부는 되지 못한다. 그러나 관심을 가지고 공부해 볼 이유로는 충분하다.

재무제표 상에 나타난 보령제약은 작지만 강한 기업, 알짜 회사였다. 매년 배당도 하고 위급한 상황이 닥칠 때 비빌 언덕도 있었다. 1호선 역세권에 9000여 평에 이르는 땅이 있었는데 개발을 한다면 차익이 1000억 원은 나올 거라고 봤다. 수차례 기업을 방문했음은 물론이다.

나는 기업 탐방을 가면 화장실, 휴게소를 주의 깊게 살핀다. 얼마나 잘 정돈되어 있는지를 보는 것인데 기업의 전체적인 분위기를 파악하는 데 도움이 된다. 특히 중요하게 여기는 장소는 직원식당이다. 직원식당이 있는 기업이라면 꼭 거기서 밥을 먹자고 한다. 식단은 잘 짜여 있고 맛은 있는가, 직원들 먹는 밥에 돈을 아끼지는 않는가를 본다. 직원들을 홀대하는 기업은 장기적으로 보면 결과가 좋지 못하다. 밥을 먹는 직원들의 얼굴을 보면 회사에 대한 만족도를 느낄 수 있다.

제약업종의 핵심 역량은 연구소다. 연구소 직원들과 대화하면 생소한 전문용어가 많아서 쉽게 이해가 되지는 않지만 말하는 표정을 보면 개발 상황이 어떤지 알 수 있다. 기업 자체는 대단히 만족스러웠다.

독점업체가 아닌 한 기업에는 항상 경쟁자가 있다. 기업이 내부적으로 잘 돌아가고 있다면 큰 탈이야 없겠지만 이왕이면 업계에서 경쟁력이 뛰어난 회사와 동업하는 게 좋다. 나는 다른 제약사들의 주식도 조금씩 사서 기업 방문을 갔다. 그러면서 슬쩍슬쩍 경쟁업체에 대한 의견을 물어보았다. 여기서 좋은 평가가 나온다면 꽤 확실한 정보라고 봐도 된다. 보령제약은 경쟁사에게도 인정받고 있었다.

동업자를 파악할 때는 직접 듣는 경로와 그와 관련된 사람을 통해 듣는 경로가 있다. 두 가지 경로 모두에서 긍정적인 결론을 얻는다면 금상첨화다. 언젠가 한 여행사 대표에게 참좋은여행은 어떠냐는 질문을 던진 적이 있다. 까다롭고 꼼꼼해서 상대하기 참 힘들다고 했다. 하지만 고객들은 만족해한다는 답이 돌아왔다. 동업자로서 참 기분 좋고 마음이 놓였던 기억이 있다.

2000년부터 보령제약을 매입하기 시작했는데 2001년 9·11테러로 1만 3000~1만 4000원에서 1만 1000원대까지 하락했다.

[표13] **보령제약 손익 및 투자지표 추이** (단위:억 원, 원)

구분	2000	2001	2002	2003	2004	2005
매출액	1,001	1,173	1,428	1,637	1,680	1,581
영업이익	135	210	191	129	154	69
순이익	60	132	98	57	86	30
EPS	2,287	5,032	3,594	2,096	3,094	1,079
BPS	27,500	30,419	34,147	34,908	36,838	38,755

출처 : 전자공시시스템(DART)

이때 물량을 대폭 늘렸다. 테러는 경제 외적인 요소이니 금방 회복이 될 것이고 소통 결과 2002년 말에는 대폭 이익을 낼 거라고 판단했기 때문이다. 그래서 2002년 봄, 실적에 대한 기대감으로 2만 원대까지 상승했을 때도 추가 매수를 했다.

보령제약 투자일기는 이제 첫 장을 넘겼을 뿐이다. 이후 실적이 발표되면서 주가는 가파르게 떨어졌다. 예상보다 턱없이 낮은 실적이 나온 것이다. 2002년에만 170억~180억 원 정도의 이익이 날 거라고 봤는데 130억 원밖에 나지 않았다. 이후에도 내내 이익은 신통치 않았다. 많은 동업자들이 떠나면서 주가는 더욱 하락했다. 거의 1만 원대까지 떨어진 시기도 있었다. 그래도 나는 매도하지 않았다. 그리고 매수를 시작한 지 거의 6년 만인 2005

(원)

최고가 34,251 (2011.01)

투자 기간

최저가 2,684 (2000.09)

2000 2001 2002 2003 2004 2005 2006 2007 2008 2009 2010 2011 2012 (년)

[그림12] 보령제약 차트

년 여름 2만 8000~3만 3000원대에서 매도했다.

실적이 나지 않는데도 매도하지 않고 버틸 수 있었던 것은 돈의 흐름을 자세하게 살펴봤기 때문이다. 일반적으로 매출은 높은데 그만큼 이익이 나지 않으면 수익구조가 나쁘거나 대주주나 경영자가 편법을 동원해 돈을 빼돌린다고 생각하기 쉽다. 보기 좋게 편집된 재무제표만 보면 오해의 소지가 높다. 당시 보령제약의 매출은 1400억~1600억 원대였다. 그런데 여기서 300억 원을 연구개발, 홍보, 직원교육에 쓰고 있었다. 이익을 내야 할 시점에 내부 투자에 막대한 자금을 쏟아붓는 것이 좀 서운하긴 했다. 그것도 한두 해가 아니라 5년 넘게 그 기조를 유지했다. 그래도 나쁘게만 볼 정책은 아니었고, 내부투자는 결국 성과로 이어질 거라는 생각에 기다리고, 또 기다렸던 것이다.

대기업은 좀 힘들지만 중소기업은 오너의 의지에 따라 얼마든지 이익의 규모를 조정할 수 있다. 보령제약처럼 내부투자를 해서 이익을 줄일 수도 있고 감가상각비를 조정해서 이익을 늘릴 수도 있다. 전자의 경우, 여러 가지 원인이 있을 수 있겠지만 후자의 경우는 주가를 띄우겠다는 의도라고 볼 수 있다. 보기 좋은 재무제표만 보고 동업을 했다가는 보기 좋게 당할 수 있다. 우리는 오너의 생각을 지배할 수 없다. 그러나 오너의 의도는 어느 정도까지 읽을 수 있다. 그래서 공시가 나오면 내일 기말고사를 치르는 학생처럼 꼼꼼하고 집요하게 파헤쳐야 하는 것이다.

동업자는 어디로 가고 있는가

사업을 알면 앞으로 어떤 방향으로 기업을 운영해야 할지에 대한 식견이 생긴다. 좀 과도하긴 했지만 보령제약은 '제약사는 신약을 개발하는 데 많은 투자를 해야 한다'는 내 생각과 같은 방향으로 갔다. 그래서 장기간의 주가하락에도 매도하지 않았다.

사실 동업자와의 동행이라는 내 나름의 투자 철학을 확고하게 해 준 것은 대동공업이다. 2004년 투자를 시작해 지금까지 동행하고 있다. 매년 적어도 서너 번은 공장과 연구소에 가고 서울사

무소는 수시로 다닌다. 회사의 변화를 관찰한다는 측면도 있지만 최근에는 격려의 의미로 방문하는 때가 더 많은 것 같다. 대동공업과 관련해 내가 가장 많이 받은 질문은 '무슨 생각으로 그렇게 길게 투자하고 있느냐' 하는 것이다. 2009년 일부 매도해 이익을 실현했고 매년 받는 배당이 있지만, 투자수익률 측면으로만 보면 다른 종목에 비해 많이 떨어진다. 그런데도 앞으로도 오랫동안 동행하려는 이유는 기업의 가치를 믿기 때문이다.

내가 보는 대동공업의 가치는 두 가지다.

[표14] 대동공업 손익 및 투자지표 추이 (단위:억 원, 원)

구분	2000	2001	2002	2003	2004	2005
매출액	2,937	2,536	1,758	2,430	2,834	3,510
영업이익	113	55	-37	40	33	43
순이익	57	36	-24	29	42	50
EPS	241	153	-100	123	179	212
BPS	6,192	6,278	6,126	6,185	6,222	6,294

구분	2006	2007	2008	2009	2010	2011
매출액	3,429	3,840	4,426	4,181	4,410	5,031
영업이익	31	-2	91	82	86	83
순이익	19	-47	-136	38	13	17
EPS	79	-197	-571	159	55	73
BPS	6,270	6,012	5,547	5,603	5,812	9,194

출처 : 전자공시시스템(DART)

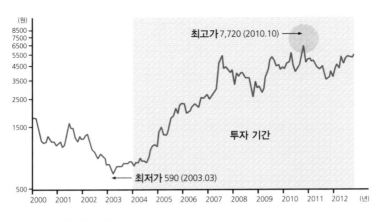

[그림13] **대동공업 차트**

　하나는 우리나라 농기계시장에서 1위를 하고 있고 독보적인 기술력을 갖고 있다는 점이다. 몇 년 전부터 수출에 박차를 가하기 시작해 최근 그 성과가 나타나고 있는 중이다. 흔히 농업은 사양업종이고 따라서 농기계를 만드는 기업도 사양산업이라고 생각한다. 그런데 내 생각은 다르다. 농업은 사양업종도 아니고 사양업종이 되어서도 안 된다. 바로 이 부분이 두 번째의 가치다.

　우리나라 식량자급률은 26.8퍼센트로 OECD 국가 중 최하위다. 그나마 쌀 덕분에 이 정도를 유지하고 있었는데 100퍼센트를 상회하던 쌀 자급률마저 2011년에는 83퍼센트로 떨어졌고 2012년에도 90퍼센트가 되지 못할 것으로 예상되고 있다. 자동차 팔고 반도체 팔아서 음식을 사먹으면 된다는 것이 최근까지의 정책 방향이었던 것이다.

농업은 후진국에서나 하고 선진국이 되려면 산업을 발달시켜야 한다고 생각하기 쉽다. 그런데 이상하다. 프랑스의 식량자급률은 329퍼센트다. 독일은 147퍼센트, 영국은 125퍼센트이며 미국, 캐나다, 호주도 100퍼센트를 넘는다. OECD 평균은 83퍼센트라고 하니 선진국일수록 식량자급에 더 신경을 쓰는 것 같다. 이들은 식량자급의 중요성을 알고 있다. 식량은 곧 생존이다. 그래서 식량은 곧 무기다. 전 세계적인 이상기후가 나타나 식량 가격이 폭등한다면, 더 심한 경우 수출 자체를 하지 않는다면 어떻게 할 것인가.

아직 식량안보에 대한 공감대가 부족하지만 곧 그 중대성이 사회적 이슈로 떠오를 거라고 생각한다. 이것이 내가 앞으로도 오랫동안 대동공업과 동행하려는 이유다. 농촌인구는 지속적인 감소 추세에 있으니 식량자급률을 높이려면 기계화가 필수다. 대동공업은 그 일을 묵묵히 해 내고 있는 기업이다. 죽이 맞는 친구도 오래 만나면 단점이 보이듯이, 대동공업의 모든 면이 마음에 드는 것은 아니다. 그러나 농업의 선진화라는 큰 틀의 방향에 동의하기 때문에 기꺼이 동업자로서 동행하고 있다.

동행하려 했으나 서로 생각하는 방향이 달랐던 경우도 있는데, 무려 30퍼센트라는 뼈아픈 손실을 본 증권주가 그것이다.

10대 때 했던 공장 일과 신문팔이를 제외하면 내 사회생활은 증권가를 떠난 적이 없다. 증권분석사가 되어 현대투자연구소를 시작으로 전업투자자로 살아가고 있는 지금까지 증권가는 내 삶의 터전이었다. 그래서 자본시장의 중요성을 이야기하라고 해도, 우리나라 자본시장의 병폐를 이야기하라고 해도 밤을 새울 수 있다.

나는 우리나라 증권사들이 수익구조를 바꿔야 한다고 주장해 왔다. 현재 증권사 수입의 대부분은 매매 수수료다. 참고로 말씀 드리면 한 증권사 수익의 70퍼센트가 평균 2000만 원의 계좌를 갖고 있는 투자자들에게 거둔 수수료라고 한다. 참 편안하고 안전한 방식으로 돈을 벌고 있는 것이다.

외환위기, 글로벌 금융위기 때를 보자. 그때 해외의 투자회사들이 들어와 돈을 많이 벌어갔다. 우리나라 자본시장이 취약하기 때문인지, 한국 금융시장은 외국자본의 현금 인출기라는 말도 나온다. 이런 사태를 막으려면 우리 자본시장의 규모가 커져야 하고 증권사가 중심적인 역할을 해야 한다. 나는 대한민국의 영민한 사람들이 죄다 모여 있다는 증권가의 인재들이 그 방향으로 갈 거라고 보았다. 자본시장통합법도 시행되었으니 여건도 마련되었다. 그래서 삼성증권, 대우증권, 우리투자증권 등에 투자를 했던 것이다.

증권주 중 비중이 높았던 대우증권을 예로 들어 실패했던 투

[표15] 대우증권 손익 및 투자지표 추이 (단위:억 원, 원)

구분	2009.03	2010.03	2011.03	2012.03	2012.06
매출액	44,451	46,015	35,735	30,243	8,945
영업이익	2,038	4,134	2,994	2,114	200
순이익	1,805	3,206	2,259	1,669	244
EPS	887	1,567	1,282	649	260
BPS	12,092	13,784	13,845	11,394	11,274

출처 : 전자공시시스템(DART)

자과정을 살펴보자. 처음 매수하기 시작한 때는 2009년 6월, 1만 7000원대였다. 하반기부터 경기회복세가 본격화되면서 대우증권도 8월 말에는 2만 3300원까지 상승했다. 나는 2만 원대까지 꾸준히 매수했다. 이후 단기급등에 따른 차익실현 매물과 글로벌 금융위기의 여진 등으로 지수가 하락하면서 대우증권도 1만 6000원까지 하락했다. 이후 1만 6000원에서 2만 원 사이를 오르내릴 때 추가매수를 했다. 약 1년 2개월에 걸친 매수였다. 그 사이에 2번에 걸친 기업 탐방과 15차례 정도의 전화 탐방을 했다. 2010년 하반기부터 상승하던 주가는 2011년 1월 최고가 2만 6800원을 찍은 후 지속적으로 하락했다. 그해 8월에는 미국 신용등급 강등 쇼크로 1만 8000원에서 1만 2000원까지 수직 하락했다.

바로 그 시점에서 대우증권은 1조 1000억 원을 증자했다. 자

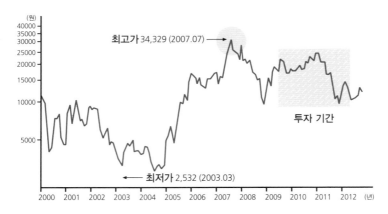

[그림14] 대우증권 차트

본시장통합법은 자본이 3조가 되어야 프라임브로커라고 해서 해지펀드, 기타 업무를 할 수 있도록 하고 있다. 대부분 증자를 하면 자본이 희석되면서 주가는 하락한다. 대우증권의 주가도 폭락했다. 순식간에 8000원대까지 떨어졌다. 낙폭이 예상을 뛰어넘는 수준이긴 했으나 어느 정도 예상을 했던 바였다. 내가 증자를 받았던 것도 이런 이유였다.

그런데 그 이후는 예상 수순에서 완전히 빗나가고 말았다. 프라임브로커를 위해 증자를 했다면 당연히 그에 걸맞은 전략을 세우고 추진하여 명실상부한 금융투자회사로의 변모를 위해 피나는 노력의 모습을 보여야 하는데 그런 움직임이 보이지 않았다.

이건 내가 생각하는 방향과는 완전히 달랐다. 그래서 막대한 손실을 보면서 매도를 한 것이다.

　기업은 자기 본질을 수행하면서 돈을 벌어야 한다. 증권사가 투자는 하지 않고 투자자들에게 수수료 받을 생각이나 하거나 제조업체가 부동산 투기로 돈을 버는 것도 나는 마땅치 않다. 동업자가 내가 원하지 않거나 이해할 수 없는 방식으로 기업을 경영한다면 동업 계약서를 찢는 것이 현명하다. 물론 내 판단이 잘못됐을 수도 있고 내 이해의 폭이 좁을 수도 있다. 그리고 그와 같은 방식으로 수익을 낼 가능성도 얼마든지 있다. 그렇다고 계속 동업을 해야 할까? 그럴 경우 나는 노심초사의 투자가 시작된다고 본다. 짙은 안개 속을 걷는 것처럼 불안하다. 그러면 매일 주가창만 들여다보게 되고, 투자 기간 내내 불안에 시달리는 불행한 투자가 될 것이다.

경청과 경영

이청득심^{以聽得心}. 귀 기울여 들으면 남의 마음을 얻는다는 의미다. 상대방의 얘기를 잘 들어준다는 것은 그를 인정하고 동반자라는 일체감을 갖게 해 준다. 생산자와 소비자가 함께하는 프로슈머 시대. 융합해야 살아갈 수 있는 시대에 '경청'이라는 화두는 리더의 중요한 덕목이 되고 있다.

대부분의 성공한 기업가들은 항상 눈과 귀를 열어 놓고 주변의 얘기를 경청한다. 직원이든 주주든 기업에 대한 쓴소리와 제안은 한 번쯤 귀 기울여 듣고 심사숙고해 볼 필요가 있다. 이들 제안에 대한 경청과 함께 적절한 보상과 반영으로 회사의 운명을 바꾸는 경우가 종종 있다.

몇몇 기업의 사례를 보면 제안을 독려하는 방법부터 그에 대한 보상과 경영에 반영하는 방법들이 다양하다. SK텔레콤에서는 아이디어가 채택되면 제안자가 팀장이 되고, 농심은 온라인상 직급인 만석꾼이 되면 해외연수 특전이 주어진다고 한다. SK C&C는 최고경영자CEO가 직접 댓글을 달면서 제안을 경청하고 수용하며, 글로비스는 우수제안사원을 명예의 전당에 올린다. 롯데마트는 적나라한 의견을 듣기 위해 익명의 사내제안제도를 적극 활용해 경영활동에 반영한다고 한다.

필자도 투자한 기업의 주인으로서 또는 투자자와 소비자로서 많은 제안을 해 왔다. 몇 가지 사례를 소개하면, 국내 1위의 자전거업체인 삼천리자전거에는 사회적 책임을 다하고 충성도 높은 고객을 확보하기 위한 보상판매제도를 제안했고, 참좋은여행의 경우 자전거와 연계한 국내 여행상품을 개발하여 판매할 것을 권유했다. 대신증권에는 부동산의 유동화와 딜링 업무를 강화하고, 자사주 매입 시 우선주를 매입해 직원들에게 상여금을 주는 방안을 내 놓았다. 조광피혁에는 적절한 배당과 과도한 자사주를 소각, 주주가치를 부양하자는 제안을 하기도 했다.

그러나 이러한 제안에 대한 기업들의 태도는 경영자의 의지에 따라 천양지차다. 어떤 CEO는 회사에 대한 적극적 관심과 좋은 아이디어에 귀 기울이며 고마움을 표시하는가 하면, 어떤 CEO는 묵묵부답이거나 무시하는 경우도 있다. 그럴 때면 많은 아쉬움을 느낀다. 필자라면 쌍수를 들고 환영할 텐데 말이다. 자기들이 생각지 못한 것들을 대신해서 고민하고 제안하는 행위는 그 기업에 대한 관심과 사랑이 있기 때문이다. 이러한 것들을 귀찮게만 여겨서는 주변의 소리, 특히 소비자의 소리를 간과하기 쉽다.

21세기는 융합의 시대다. 그동안 기술과 기술, 제품과 제품 간의 단순한 기술적 결합에 한정되었던 컨버전스의 범위가 진화하면서 생산자와 소비자, 대주주와 소액 투자자가 함께하는 지식, 창조, 소통, 감성, 서번트 등이 기업 경영의 화두가 되었다. 이 모든 것의 기본이 동반자의 작은 소리에서부터 시작된다. 눈과 귀, 마음을 열고 한 발짝 다가서면 미래의 세상이 보인다.

_《한국경제》, 2010.06.15

농업에서 기회를 찾다

역발상 투자

농업을 사양산업, 혹은 부가가치가 낮은 산업으로 인식하는 사람이 많지만 사실 농업의 중요성은 그 어느 때보다 커지고 있다. 인구 증가, 소득 증대, 곡물 에너지 수요 증가 등 곡물가격 상승을 유발할 요인이 점점 많아지고 있어서다. 더욱이 농업 기반이 취약한 한국은 생존과 번영을 위해 필수적으로 농업을 육성해야 하는 기로에 섰다. 농업이 단순한 식량 조달에서 안보 문제로까지 발전할 가능성이 있기 때문이다.

식량안보, 녹색성장 등 농업의 화두가 던져진 이 시기는 농업 종사자뿐 아니라 새로운 삶을 추구하는 이들과 투자자들에게 또 다른 기회가 될 것이다. 우리나라의 농업은 공업화와 산업화로 자연스럽게 구조조정됐기 때문에 아직 산업이 발전하지 못한 지금, 그만큼 기회도 크다고 본다. 농업은 과학화, 기계화를 통해 이전보다 크게 발전했다. 최근 30년간 규모의 경제가 실현될 수 있는 토대가 마련된 것이다.

지금의 농촌은 우리가 쉽게 생각하는 예전의 농촌이 아니다. 인터넷으로 시공간을 초월해 정보를 공유하고 전국이 1일 생활권에 접어든 현재, 도시와 농촌 간 경제·문화적 격차는 크게 줄었다. 도시보다 상대적으로 농촌의 경제적 활동 영역이 크게 다양해지고 있기에 농업에서 새로운 기회를 찾을 수 있을 것으로 본다.

예컨대 다양한 유기농법 등을 통해 고수익을 올리는 특화된 기업들이 그렇다. 우리의 삶이 지속되는 한 먹거리산업은 사양산업이 될 수 없다. 아니, 앞으로 더욱 발전하고 번창할 것이다. 때문에 농업과 관련한 전문화된 기업에 투자하는 '역발상' 투자가 기회가 될 수 있다.

돌이켜 보면 불과 1960년대까지만 해도 한국은 농촌 국가였다. 이후 급격한 공업화와 함께 도시화가 진행됐다. 동시에 농촌 경제는 크게 위축됐다. 산업화가 빠르게 진행되면서 이농인구의 증가와 각종 개발용지로의 전용으로 농지 감소와 함께 농업 인력의 고령화, 농가부채 증가 등으로 농업인의 삶의 질이 크게 떨어졌다.

공업화가 한창 진행 중이던 1970년과 비교해 2007년 농지 규모는 95만 헥타르로 21퍼센트 줄었다. 1970년 농지 규모는 전 국토 면적의 23.3퍼센트에 이르렀지만 2007년에는 17.9퍼센트로 5.4퍼센트포인트 급감했다. 같은 기간 총인구는 50.6퍼센트 늘어나 4858만 명을 넘어섰지만, 농촌인구는 77.1퍼센트나 줄어 330만 명이 됐다. 총인구 대비 농촌인구도 44.7퍼센트에서 6.8퍼센트로 크게 줄었다.

2007년 명목 GDP는 1970년에 비해 325배 증가한 9000조 원 수준에 이르렀고, 1인당 GDP도 76배 급증해 2만 달러가 됐다. 그러나 농업의 부가가치(재배업종 기준)는 30배 늘어나는 데 그친 17.8조 원에 불과했다. 이를 과연 어떻게 설명해야 할까? 인구도 크게 늘었고 소득도 늘었는데 농업은 크게 위축된 것을 어떻게 해석하면 좋을까? 필자는 한마디로 '우리가 먹는 것 대부분을 해외에서 들여왔다'고 지적하고 싶다.

다시 한 번 자료를 살펴보자. 1970년만 해도 사료용을 제외한 식량자급률이 86.2퍼센트에 이르렀다. 사료까지 포함하면 80.5퍼센트였다. 2007년에는 이 수치가 각각 51.6퍼센트, 27.2퍼센트로 감소했다. 더욱 심각한 것은 3대 곡물인 밀, 콩, 옥수수의 자급률은 각각 0.2퍼센트, 0.8퍼센트, 10퍼센트에 불과할 정도로 핵심 곡물의 대부분을 해외에서 들여오고 있는 실정이다. 한국은 세계 5위 곡물 '수입 대국'이다. 쌀의 자급률이 그나마 100퍼센트에 이르나, 요즘은 쌀이 주식이라는 사실이 무색할 정도로 쌀 소비가 감소하고 있다. 곡물 소비가 보다 다양화되고 있다는 얘기다.

이웃 국가인 일본의 식량자급률도 심각한 수준이나 한국보다는 사정이 훨씬 나은 편이다. 일본의 식량자급률(사료용 포함)은 2007년에 40퍼센트를 기록(2008년 10월 《아사히신문》 보도)했다. 일본 정부는 세계적인 식량파동을 우려해 식량자급률을 2015년까지 50퍼센트로 끌어올린다는 계획을 세워놓고 있다. 주요 선진국인 미국, 프랑스, 독일, 호주 등은 식량자급률이 모두 100퍼센트를 넘고, 중국도 75퍼센트에 이른다.

한국도 그간 손을 놓고 있었던 것은 아니다. 2005년 7월 정부는 농지법을 개정하면서 경자유전의 원칙을 대폭 완화했다. 즉, 중대작농 또는 대영농화가 가능하도록 농지거래를 개방한 것이다. 또 농업경영체 제도를 도입해 농촌 경제의 활성화와 경쟁력 제고, 농업 효율성과 고수익사업화 지원을 위한 다각적인 노력을 기울였다.

밀의 자급률을 지금의 50배인 10퍼센트로 높이기 위해 재배면적을 대폭 확대키로 하는 등의 노력도 하고 있다. 정부와 민간은 해외 농업생산기지를 개발, 구축하기 위해 1960년대부터 남미와 동남아, 중앙아시아, 호주 등에 진출했다. 그러나 경험 부족과 적극성 결여로 현재는 크게 축소된 채 10여 곳 정도에서 운영되고 있는 실정이다.

한국은 하루빨리 식량자급률을 높여 미래의 불안을 해소해야 한다. 땅덩이가 작기 때문에 농지 개발을 꾸준히 하되 효율성은 극대화하는 쪽으로 나아가야 한다. 이를 위해선 대영농화와 기계화가 필수다. 최근 현대중공업이 러시아 연해주에서 1만 헥타르 규모의 농장을 인수했다는 보도를 접했다. 땅 넓이가 여의도 넓이의 33배에 이른다고 한다. 현대중공업은 또 2012년까지 4만 헥타르의 농지를 추가로 확보, 연간 6만 톤의 옥수수를 생산할 계획이라고 한다. 연해주의 농지, 그 일대의 고려인 및 북한 주민의 노동력, 한국의 자본과 기술을 바탕으로 남북한의 식량난을 동시에 해결하겠다는 계획이다.

앞으로 농업은 식량자급률 제고라는 단순한 먹거리 차원을 넘어 국가 경제의 중요한 축으로, 식량안보 차원에서 전략적으로 다뤄져야 할 것이다. 농업은 고용을 창출하고 국가 경제를 안정화시키는데 절대적으로 기여한다. 농업은 경제적 가치뿐 아니라 환경적, 생태적으로도 막대한 가치를 가지고 있기 때문에 더욱 보호되고 육성, 발전되어야 한다.

　최근 젊은이들을 중심으로 귀농인구가 늘고, 친환경 영농기법으로 수익원도 다양화되고 있다고 들었다. 농촌에서 새로운 삶을 시작하는 젊은이들이 필자는 부럽다. 이제 우리 농업은 30년 전과는 비교가 되지 않을 정도로 기계화됐고 과학화됐기 때문에 앞으로 많은 발전이 기대된다. 해외 농지개척과 우리 농업기술의 접목으로 새로운 가치가 창출될 날도 머지않았다. 농업에 특화되고 선구자적 역할을 하고 있는 전문기업을 찾아 장기적 관점에서 투자하는 것이 유망해 보이는 이유다.

_《한국경제》, 2009.08.05

제 **3** 장

자본시장이
우리의
희망이다

자본시장이 우리의 희망이라고 주장하는 이유가
바로 이것이다. 기업은 가치를 생산한다.
이 가치는 소비자들에게는 삶의 터전이라는 형태로,
거기서 일하는 사람들에게는 급여의 형태로 제공된다.
국가에는 세금이 되고 그것이 복지, 치안, 국방 등의 형태로
사회로 되돌아온다.

이 중심에 기업가와 자본이 있다.

좋은 사업 아이템과 기업가 정신을 가진 사람에게 자본이
원활하게 제공될 때 이러한 선순환이 가능하다.

왜 자본시장이
우리의 희망인가

기업의 인사과 직원은 졸업시즌이 되면 전국의 대학을 다니면서 기업설명회를 개최한다. 설명회를 하는 날이 다른 기업과 겹치는 때도 많아서, 서로 더 많은 학생들을 불러 모으기 위해 선물 공세를 펼치기도 한다. 학생들은 어떤 회사가 자신의 꿈을 펼치기에 적당할지 고민하고 교수님들은 기업의 청탁 전화를 받느라 바쁘다. 환갑을 맞아 이제 쉬면서 제2의 인생을 설계해 보겠다는 직원에게 사장님은 딱 5년 만 더 일해 달라고 부탁한다.

물론, 상상이다. 이렇게 써 놓고 보니 씁쓸하다. 조금이라도 돋보이기 위해, 무의미하고 업무에 도움도 되지 않으며 원하지도 않는 스펙을 쌓기 위해 청춘남녀가 골병이 들고 있다. 40대만 넘어서도 일할 수 있는 햇수를 꼽아보게 된다. 영어도 잘하고 학점도 높은 졸업생이 편의점에서 아르바이트를 하고 한때 수십 명의 부하직원을 거느렸던 50대 중년이 아파트 경비를 서고 있다.

영어권에서는 직업을 'call'이라고도 한다. 기독교적인 개념인데 신이 주신 소명이라는 뜻이다. 직업을 밥벌이의 수단이 아니라 존재의 이유를 증명하는 '숭고한 도구'로 본 것이다. 종교적인 색채를 빼면 자아실현으로써의 직업이 된다. 모두가 자아실현을 위한 직업을 선택하고 거기서 최선을 다하는 사회가 가능하리라고 생각하지는 않는다. 그러나 일을 하고 싶은데도 일자리가 없어서 일을 하지 못하는 사회, 변변한 직장을 구하지 못한 젊은이들이 결혼을 포기하는 사회, 결혼을 한 부부도 경제적인 이유로 출산을 포기하는 사회는 정상적인 사회가 아니다.

이러한 문제를 해결하기 위한 대안 중 하나로 복지와 경제민주화 등이 우리 시대의 화두가 되고 있다. 복지와 경제민주화라는 용어는 같되 구체적인 실행방안은 위정자들마다 다르므로 어떻게 실현될지는 알 수 없다. 현명한 정책과 영민한 실행을 기대할 뿐이다.

내가 말하고 싶은 것은 복지든 경제민주화든 기업을 빼놓고는 논의를 진행시킬 수 없다는 것이다. 같은 예산이라도 어디에 어떻게 쓰는가도 중요하고, 대기업의 확장을 어디까지 규제할 것인가 하는 문제도 중요하다. 그러나 복지에 쓰일 예산도 기업과 거기서 일하는 사람들에게 거둔 세금에서 나온다. 대기업과 영세상인, 대기업과 중소기업 사이의 문제도 어떻게 하면 모두 잘되도록 할 것인가에 대해 생각해 보아야 한다.

일자리 부족이라는 사회적 과제 역시 기업과 직결되어 있다. 어떻게든 기업이 잘되어야 일자리가 늘어난다. 여기서 말하는 기업이 대기업이 아니라는 점을 강조하고 싶다. 일자리의 대부분이 중소기업에서 나온다. 우리나라 대기업은 세계 유수의 기업과 당당하게 어깨를 견줄 만큼 경쟁력이 강하다. 굳이 지원을 해 주지 않아도 자생력이 있다. 지원을 해야 한다면 중소기업에 집중하는 것이 더 효과적일 거라고 생각한다.

기업가 정신이 자본을 만났을 때

오지에서 문명과 단절된 생활을 하는 몇몇 부족을 빼놓고 모든 현대인들은 기업이 제공하는 환경에서 살고 있다. 지금 현재 여러분이 있는 곳을 중심으로 반경 1킬로미터에서 기업이 생산한 물건을 모두 사라지게 한다면 여러분은 허허벌판에서 알몸으로 서 있는 자신의 모습을 발견하게 될 것이다. 우리는 기업에서 일하고 기업이 지은 집에서 살고 기업이 만든 옷을 입는다. 기업이 우리 삶의 토대를 이루고 있는 만큼 기업이 잘되어야 우리의 삶도 윤택해진다.

그러면 어떻게 해야 기업이 잘될 수 있을까. 이 질문에 대한 답을 제시하고 있는 책은 서점에 가서 한 시간만 찾아도 서가 하나를 채우고도 남는다. 경영자의 리더십, 팀장의 통솔력, 신입사원의 태도 등 각각의 구성원이 갖춰야 할 덕목에서부터 기업의 체질을 바꾸는 혁신에 이르기까지 셀 수 없을 만큼 많은 '기업이 잘되는 방법'들이 있다. 그런 이야기들은 다른 분의 몫이다. 나는 전업투자자인 만큼 자본시장과 기업의 관계에 대한 내 생각을 말하고자 한다. 따지고 보면 위의 여러 방법들을 실행할 수 있는 조건을 만들어 주는 것이 자본시장이다.

다들 아시듯이 본격적인 증권시장은 약 500년 전 유럽 국가들이 동양과 해상무역을 시작하면서 열리게 되었다. 해상무역은 무사히 배가 돌아오기만 하면 큰 수익이 나지만 도중에 해적을 만나거나 풍랑에 휩쓸리면 투자금을 한 푼도 건질 수 없는, 그야말로 고위험 고수익 사업이었다. 선단을 꾸리는 데도 막대한 자금이 들어가기 때문에 재력가도 손대기 어려웠다. 다수의 적은 돈을 모아 큰 자금을 만들자는 기발한 아이디어는 이런 문제를 단박에 해결했고 활발한 해상무역의 원동력이 되었다.

현대 자본주의사회도 해상무역 당시 누군가 낸 기발한 아이디어 덕분에 유지되고 있다. 단적인 예로, 2012년에 공정거래위원회가 발표한 자료를 들 수 있다. 삼성, SK, 롯데, LG 등 자산 5조 원 이상의 그룹사 총수들의 평균 지분율은 0.94퍼센트에 불과했다. 개인으로 보면 엄청나게 큰 금액의 돈이지만 기업 전체로 보면 1퍼센트도 되지 않는 미세한 돈이다. 계산상으로는 자본시장이 99퍼센트의 자금을 모아주었기에 대기업이 될 수 있었던 것이다.

자본시장이 우리의 희망이라고 주장하는 이유가 바로 여기에 있다. 기업은 가치를 생산한다. 이 가치는 소비자들에게는 삶의 터전이라는 형태로, 거기서 일하는 사람들에게는 급여의 형태로 제공된다. 국가에는 세금이 되고 그것이 복지, 치안, 국방 등의 형태로 사회로 되돌아온다. 이 모든 선순환의 중심에 기업가와 자본이 있다. 좋은 사업 아이템과 기업가 정신을 가진 사람에게 자본이 원활하게 제공될 때 이러한 선순환이 가능한 것이다.

자본시장이 희망이라고 말할 때, 독자께서는 자본시장의 부작용이 떠오를 수 있다. 엄청난 규모의 핫머니가 국경을 넘나들면서 한 나라의 경제를 혼란에 빠뜨리는 일이 비일비재하다. 기업가 정신은커녕 온갖 부정을 저지르는 시정잡배만도 못한 기업가도 있다. 개인투자자를 홀려 이익을 취하는 사기꾼 집단이 있지만 이들이 취한 이득에 비해 법의 처벌은 솜사탕처럼 가볍다는 등의 내용이다.

그러나 이 같은 현실은 개선되어야 할 것이지 자본시장이 희망이 아닌 이유가 되지는 못한다. 기업이 우리 삶의 터전이고 그것을 가능하게 하는 것이 자본시장이라는 명제에 동의한다면, '여러 부작용이 있으므로 자본시장은 희망이 아니다'라고 말할 것이 아니라 자본시장이 우리의 희망으로서 제 기능을 다하기 위해 무엇을 변화시켜야 하는지를 고민하는 것이 합리적이라고 생각한다.

자본시장이 우리 삶의 터전을 윤택하게 만들기 위해서는 신용 사회가 되어야 하며, 주식 중개가 주된 역할인 증권사가 변해야 하고 기업, 증권사, 투자자를 관리 감독하는 관계 당국의 변화가 있어야 한다. 지금부터 어떤 변화가 필요한지 이야기해 보고자 한다.

신용사회를 꿈꾼다

어떻게 하면 성공적인 투자를 해서 자산을 불릴 것인가를 알려주는 책에서 자본시장 전체의 문제를 논의하는 것은 일견 타당하지 않아 보일 수 있다. 어쨌거나 개인의 입장에서는 수익을 내는 것이 가장 중요한 법이다. 당연하다. 투자자 개인이 자산 손실을 본다면 자본시장의 공정성 따위는 빛 좋은 개살구에 불과하다. 이는 분명한 사실이지만 그것만이 전부는 아니다.

시장의 공정성은 투자자 여러분의 수익과 직결되어 있다. 별개의 문제가 아니다. 단적인 예로 '올빼미 공시'가 있다. 이럴 때 개인들은 큰 피해를 본다. 물증은 없지만 기관투자자들은 미리 알고 있었다는 심증을 지울 길이 없다. 그리고 불공정 공시의 주체인 경영자(대주주)가 이로 인해 무거운 처벌을 받았다는 소식은 들어본 적이 없다. 이를 가능하게 하는 제도들이 크게는 우리 자본시장의 성장을 저해하고 작게는 여러분의 투자금 손실을 일으키는 원인이 되는 것이다.

자본시장이 불공정할수록 그 피해는 약자인 개인투자자에게 돌아간다. 공정함이란 본래 약자를 위한 것이다. 강자들은 불공정할수록 더 유리하다. 투자자들이 시장의 불공정함에 관심을 보이고 적극적으로 의견을 펼쳐야 개선이 가능하다. 투자자 보호와 자본시장 발전을 위해서는 기업과 투자자 그리고 관계 기관의 변화가 필요하다.

먼저 투자대상이자 동업자인 기업에 대한 이야기를 먼저 해 볼까 한다. 대주주의 횡령, 배임, 주가 조작, 내부자 거래 등은 우리에게 참으로 '친숙한' 단어다. 수십억 원은 비교적 적은 액수이고 부당한 방법으로 수백억 원을 챙겼다고 해도 무덤덤하다. 이상적인 신용사회를 꿈꿔 보자면 청소년들은 횡령이라는 단어가 나오면 국어사전을 찾아보고 어른들은 '사람의 탈을 쓰고 어떻게 그런 일을 할 수 있을까'라는 반응을 보이는 사회다. 이상적인 꿈이니까 실현되지 않는다고 불평할 생각은 없다. 그러나 최소한 대주주가 횡령, 배임, 주가 조작을 하다가 발각되었다면 두고두고 후회할 만큼 강력한 처벌을 하는 사회는 만들 수 있다. 직장인들끼리 이런 이야기를 하는 걸 들은 적이 있다.

"그럴 위치에 있지 않아서 그렇지 수십억 해먹고 1~2년 살다 나온다면 한번 해 볼 만한 거 아냐?"

그렇게 말은 해도 실제 상황이 되면 실행에 옮기는 사람은 많지 않을 거라고 생각한다. 뭔가 억울하고 화가 나니까 하는 소리다.

미국의 엔론 사태는 세상을 떠들썩하게 만든 회계부정 사건이었다. 가스 회사 두 개의 합병으로 만들어진 엔론은 15년 만에 미국과 유럽에서 거래되는 에너지의 20퍼센트를 담당하는 기업으로 성장했다. 전 세계 40개국에 2만여 명의 종업원을 거느렸던 엔론은 매출액 기준 미국 7위 기업이었다. 급성장세로 세상을 놀라게 했던 엔론은 2001년 다시 한 번 세상을 놀라게 했다. 그해 11월 지난 5년간 영업실적 중 5억 8600만 달러의 적자를 숨겼음이 드러났던 것이다. 이후 90달러 수준이었던 주가는 36센트까지 하락했다. 경쟁회사에 인수를 제의했으나 성사되지 않았고 결국 파산했다. 회계부정에 대한 혐의로 법정에 선 최고경영자 제프리 스킬링은 24년 4개월이라는 징역형을 선고받았다.

이에 반해 우리나라에서는 불법을 저질러 수많은 사람들에게 막대한 피해를 입힌 후에 인생이 파탄 나는 경우보다 잘 먹고 잘 사는경우가 더 많다. 실형을 사는 예보다 집행유예 수준에 그치는 경우가 훨씬 많다. 불법행위로 빼돌린 돈은 현행법상 추징

할 수 없는 곳까지 보내 버린 이후다. 벌금을 매길 때도 불법이익금보다 적은 금액이 부과된다. 그래서일까, 금융감독원에 따르면 2011년 불공정거래 혐의로 검찰에 고발되거나 통보된 건수는 152건으로 2010년의 138건보다 10퍼센트나 늘었다고 한다.

최근 한 국회의원이 '미공개 정보 이용과 시세 조종 등 불공정거래행위를 할 경우 부당이득 전액 또 그 이상을 벌금으로 환수하는 법안'을 발의했다고 한다. 많이 늦었지만 반가운 소식이다. 법안이 그대로 통과될지, 그게 언제쯤일지 지켜볼 일이다.

법은 만인에게 평등하고 엄격하게 적용되어야 한다. 그러나 법으로만 통제되는 사회는 그리 바람직하지 않고 가능하지도 않다. 세상의 변화는 늘 법의 변화를 앞질러 간다. 또한 완벽한 제도는 없는 만큼 늘 빠져나갈 빈틈은 있기 마련이다. 그래서 문화의 변화가 필요한 것이다.

주식회사는 기본적으로 약속과 신뢰를 바탕에 두고 있다. 투자자들이 기업에 돈을 대는 대신 경영자는 최선을 다해 기업을 경영하고 그에 대한 성과를 나누겠다는 약속을 하고 시작하는 것이다. 사실 주식회사뿐 아니라 금융 자체가 곧 신용이다. 세종대왕 초상화가 인쇄된 네모난 종이로 쌀을 살 수 있는 것 역시 신용이다. 따라서 신용의 문화를 확립하는 것이 근본적인 해결책이라할 수 있다. 그러나 우리나라는 신용카드를 선진국보다 많이 사용하긴 하지만 신용사회는 아니다.

대표적으로 은행의 담보 요구를 들 수 있다. 선진국은 한 사람이 살아오면서 신용을 어떻게 구축해 왔는지를 보고 대출 여부를 판단한다. 하지만 우리는 신용이라는 사회적 약속이 있어야 할 자리에 '담보'가 떡하니 버티고 있다. 선진국은 신용만으로 거래를 하기 때문에 신용을 어기면 수십 년 동안 은행 거래는 꿈도 꾸지 못한다. 그러나 우리는 다르다. 신용을 어겨도 금방 회복된다. 책임 있는 자리에서 큰 액수의 사기를 쳐도 금융가를 활보할 수 있다. 이래서는 금융산업이 성장할 수 없다.

　기업 경영도 그렇다. 의욕이 있고 아이디어가 있고 쌓아 온 신뢰가 있다면 과감하게 투자해 주어야 한다. 우리나라 은행처럼 담보를 받고 돈을 빌려주는, 땅 짚고 헤엄치기식 운영으로는 기업도, 은행도 성장할 수 없다. 그리고 신용을 어겼을 때는 영원히 퇴출을 시켜야 한다.

　횡령, 배임, 주가 조작 등의 불법행위와 문화로서의 신용사회는 거리가 있어 보이지만 실제로는 궤를 같이하는 이야기다. 신용이 강물처럼 흐르는 사회라야 틈만 보이면 불법을 저지르려는 풍토가 사라질 것이기 때문이다.

화장하는 기업과 그들의 코디네이터

좋은 식재료를 쓰는 음식점은 양념을 강하게 하지 않는다. 재료가 가진 맛을 살리는 것으로 충분하기 때문이다. 반면 싱싱하지 않은 식재료를 이용해 맛을 내려면 양념을 세게 해야 한다. 사업이 잘되고 있는 기업의 사장은 굳이 그것을 내세울 필요가 없다. 그러나 사세가 기울어진 기업의 사장은 좋은 차를 고집하는 경우가 많다. 힘들다는 것을 감춰야 은행이든, 거래처든 상대하기가 쉽기 때문이란다. 같은 이치가 주식시장에도 적용된다.

자금 조달이 다급하거나 뭔가 숨겨야 할 이유가 있는 기업은 어떻게든 투자자들과 은행 등에게 '예쁘게' 보이려고 한다. 가장 극단적인 방법은 본모습을 완전히 감출 수 있는 가면을 쓰는 것이다. 이 가면을 벗기는 데도, 씌우는 데도 중요한 역할을 하는 곳이 신용평가사와 회계법인이다.

한국금융투자협회의 평가 결과를 보면 신용평가사들은 2011년 974개 기업에 대한 신용등급을 평가했는데 대부분 우량기업으로 평가했고 투기등급 부여는 9.1퍼센트에 불과했다. 평가를 받은 기업 중 열에 아홉은 우량기업이라는 것이다. 이 결과를 액면 그대로 믿을 수 있으면 좋겠는데 그럴 수가 없다. 의심을 하는 사람이 나뿐만은 아닌 모양이다. 금융투자협회는 신용평가정보를 이용하는 사람들을 대상으로 설문조사를 했는데 등급신뢰도 부문의 '신용등급 평가의 독립성' 항목에서 대표적인 신용평가사 3곳의 점수는 10점 만점에 4.87점이었다. 신용평가사의 신용이 5점도 안 되면 낙제점이다. 사람들이 의심을 하는 데는 그만한 이유가 있다.

기업은 신용등급에 따라 생사가 갈릴 수 있다. 자금 동원에서부터 주가까지 영향을 미친다. 그리고 신용평가사에 신용평가를 의뢰하면서 돈을 주는 주체는 해당 기업이다. 신용평가가 정량적으로 결과를 도출해 낼 수 있는 공식이라면 몰라도 기업의 전망 등 정성적인 판단이 들어갈 수밖에 없다. 정성적인 판단에 기업과 신용평가사의 관계가 영향을 미칠 거라고 생각하는 것은 당연하다. 여기서는 제도의 개선과 더불어 각 기관의 사명감이 필요하다는 말 정도로 마무리할까 한다. 자세히 다루려면 그것만으로도 한 권의 책이 될 정도로 복잡한 내용이 될 테고 법적인 문제까지 나와야 하므로 내가 이야기할 영역도 아니다.

이제 투자자 입장으로 돌아와 보자. 현실적으로 기업과 기관의 '내통'을 완벽하게 막을 수는 없다. 언젠가, 누군가는 사고를 칠 것이다. 어떻게 하면 이러한 위험으로부터 벗어날 수 있을까.

옛날 옛적에 '속지 말자, 화장발. 다시 보자, 조명발'이라는 남자들만의 '격언'이 있었다. 이 격언이 투자할 기업을 고를 때도 유용할 듯싶다. 위에서 말했듯이 자금조달이 다급한 기업, 불순한 의도를 가지고 주가를 띄워야 할 기업주는 어떻게든 투자자들에게 예쁘게 보여야 한다. 그 첫 번째 수순이 회계 부분인데, 극단적으로는 분식회계를 하는 것이다. 그리고 불법까지는 아니더라도 최대한 이익이 많이 난 것처럼 보이게 하는 방법이 있다.

그 다음으로 자주 쓰는 방법이 언론 플레이다. 기자가 직접 발굴해 쓰는 기사도 있지만 보도자료를 받아서 쓰는 기사도 있다. 물론 보도자료를 받아 추가 취재를 하지만 시작은 해당 자료를 뿌린 기관(우리 책에서는 기업)이다. 독자께서는 기업에 관한 기사를 보면서 이런 질문을 던져 보셔야 한다.

'이 기사는 왜 나왔을까?'

보도할 가치가 있다고 판단한 기자가 스스로 취재를 시작해 나온 기사라면 긍정적이라고 볼 수 있다. 그런데 보도자료를 통해 나온 기사라면 다시 한 번 생각해 봐야 한다. 기자는 늘 기삿거리에 목말라 있으므로 이야기가 된다 싶으면 기사를 작성한다. 기자에게 회계장부를 열람한 뒤에 정말 괜찮은 회사일 때만 기사를 쓰라고 할 수는 없다. 의도를 파악하는 건 투자자들의 몫이다. 기업은 무슨 의도를 가지고 보도자료를 만들어 뿌리는 것일까. 여기서 공시의 의무가 있는 내용은 논외다.

기사는 돈을 들여서 내는 광고보다 훨씬 효과적이다. 기사형 광고가 있는 것도 이 때문이다. 만약 기업이 제품 홍보를 위한 언론 플레이를 했다면 부정적이라고 보기 어렵다. 그런데 그런 내용도 아니고 별 의미 없는 기사가 여러 매체에서 드문드문 나온다면 혹은 새로울 것도 없는 내용으로 경영자의 인터뷰가 반복적으로 나온다면 뭔가 수상하다고 보는 것이 합리적이다. 내부의 위기를 언론기사라는 화장으로 숨겨야 하거나 실적과 관계 없는 주가 상승을 꾀하는 것일 수 있다. 여태까지 내 경험으로 보면 언론에 자주 등장하고 그럴싸한 스토리로 포장된 기업들이 자주 문제를 일으켰다.

독자께서 경영자의 입장이 되어 보면 쉽게 이해될 것이다. 매출은 매년 성장하고 있고 이익률도 높아지고 있다. 향후 몇 년간은 업황도 밝다. 장사가 잘되니 현금 흐름도 좋다. 이런 회사의 경영자가 굳이 언론 플레이를 할 이유가 있을까. 취재 대상이 되는 건 꽤 번거로운 일이다. 잘 운영되고 있는 기업의 경영자는 바쁘다. 그 와중에 시간을 내서 해당 업계의 현황과 기업의 내용을 잘 모르는 기자에게 친절하게 설명을 해 줘야 한다. 보도자료를 뿌리기는커녕 자발적으로 들어오는 취재요청도 거절하고 싶을 것이다. 대개 자금이 탄탄하고 알토란 같은 회사들은 기업을 홍보하는 데 별 관심이 없다. 그럴 필요가 없기 때문이다.

어떻게 하면 화장발을 위한 기사인지 정말 맨얼굴 그대로인지 알 수 있을까. 해당 기업의 기사를 검색해서 비슷한 기간에 비슷한 내용으로 그저 그런 기사가 나왔는지 알아볼 수 있겠다. 그러나 이 역시 확실한 방법은 아니다. 정답은 역시 기본으로 돌아가는 것이다. 어떤 기업에 대한 기막힌 기사를 보더라도 절대 한 번에 매수해서는 안 된다. 오래 지켜보고 신중하게 투자하는 것이 최선이다. 기사가 진짜였고 그대로 쭉 주가가 상승한다면? 여러분의 몫이 아닌 것이다. 내 몫이 아닌 것을 탐내는 마음을 다스리지 못하면 주식투자는 고난과 실패의 연속이 된다.

개인왕국을 지향하는 대주주

관심을 받고 싶어 안달난 기업이 있는 반면 외면받으려고 최선을 다하는 대주주도 있다. 이들은 최대한 긍정적인 뉴스로는 언론에 노출되지 않으려 한다. 부정적인 내용은 고발성 기사이므로 이들의 의지와는 무관하다. 기업에 좋은 소식이 있어도 공시 의무를 위반하지 않는 한 알리지 않는다. '우리의 기쁜 소식을 투자자들에게 알리지 말라'는 사훈이 있는 건 아닐까 의심스러울 지경이다. 그들은 왜 노출을 꺼리는 것일까. 이 경우 역시 대주주의 입장이 되어 보면 이해하는 데 도움이 된다.

여러분께서 주식회사를 개인왕국으로 만들고 싶은 대주주라고 가정해 보자. 최초에는 투자자들의 돈이 필요해 기업을 공개했다. 그 자금으로 회사를 키우는 데까지 성공했다. 그리고 사업이 안정궤도에 올라선 뒤에는 더 이상 사업을 키울 생각이 없다. 스스로 책정한 연봉과 온갖 명목의 판공비로도 충분히 호사스런 생활을 누릴 수 있다. 기업가 정신을 상실한, 아주 바람직하지 않은 행태다. 독자께서는 절대 그러실 리 없지만, 만약 여러분이 그 사업가 같지 않은 사업가라면 어떻게 하시겠는가.

첫 번째 수순은 위기에 대비한 유보금, 내부투자 등을 핑계로 매출 대비 이익을 많이 내지 않아야 한다. 투자자들은 처음에는 갸우뚱할지 모르지만 수익성이 나쁜 기업이라며 매도하고 떠날 것이다. 그러면 주가는 하락한다. 그럴 때마다 풍족한 연봉으로 지분을 천천히 늘려갈 수 있다. 또는 쌓아둔 유보금으로 자사주를 매입하는 방법도 있다.

두 번째는 배당을 말도 안 되는 수준으로 낮게 하는 것이다. 그나마 배당을 기대하며 버텼던 투자자들은 또 떠나가고 전과 같은 순서를 반복하면 된다. 마지막으로 투자자들의 정당한 정보 요구를 철저하게 무시하는 것이다. 답답한 투자자들은 또 떠나갈 것이다. 기획력이 있다면 가짜 파업을 해서 시장에 부정적인 뉴스를 흘리는 것도 효과적인 방법이다.

끈기 있게 이 같은 정책을 고수하면 주가는 기업의 실제 가치에 비해 터무니없이 낮게 매겨진다. 그러면 이제 상속을 위한 준비도 끝났다. '저렴한' 상속세만 물고 자식에게 회사를 물려줄 수 있게 된 것이다.

이후의 순서를 조금 더 진행해 보자. 대주주가 된 여러분의 자녀는 어느 날 '때가 되었을 때' 회사를 정상적으로 운영하기 시작한다. 이익을 많이 내고 배당도 충분히 준다. 그러면 시장의 관심을 받으며 투자자들이 몰려들기 시작하고 주가는 상승한다. 자녀는 오랜 기간 노력한 끝에 많은 지분을 갖고 있다. 유통되는 주식이 많지 않기 때문에 주가도 금방 상승한다. 그때 경영권을 방어할 수 있는 정도의 지분만 남기고 매도한다. 막대한 현금을 챙긴 후에는 다시 부친의 유업을 받들어 같은 행태를 반복한다.

　영화에서만 일어나는 일도 아니고 극히 보기 드문 사례도 아니다. 지난 2월 나는 충남에서 열린 J기업 주주총회(주총) 자리에서 진을 빼고 있었다. 그날 주총은 9시에 시작해 장장 5시간 동안 이어졌다. (아침 9시에 주총을 시작한다는 것 자체가 오지 말라는 소리다.) 수시로 고성이 터져 나왔고 정관과 법 조항도 자주 거론되었다. J기업의 대주주측은 100억 원의 이익이 났는데 배당은 3.6억 원을 했다. 배당수익률로 따지면 0.9퍼센트에 불과하다. 대주주 일가는 완벽한 불통이라 답답하다. 그들은 주총에 모습을 드러낸 적이 없다. 언제나 가신이라 여겨지는 사람들이 방패막이로 나온다. 그리고 방패에는 귀가 없다.

　주주가 된 뒤에 여건이 허락한다면 주총에 꼭 가 보길 권한다. 거기에 가 보면 대주주가 주주들을 어떻게 생각하는지 가늠할 수 있다. 대개 실적이 좋지 않고 주가가 하락했을 때는 주총 분위기는 가라앉는다. 그럴 때 불통을 지향하는 대주주는 나타나지 않거나 어떻게든 빨리 주총을 끝내려고 한다. 반면 투자자들

[표16] J기업 손익 및 투자지표 추이 (단위:억 원, 원)

구분	2005	2006	2007	2008	2009	2010	2011
매출액	1,516	1,613	1,584	1,369	1,228	1,622	1,805
영업이익	36	83	42	75	191	189	126
순이익	36	97	48	32	143	154	95
EPS	526	1,416	701	467	2,088	2,248	1,387
BPS	11,708	12,700	13,201	13,664	15,816	18,224	19,451

출처 : 전자공시시스템(DART)

을 배려하는 대주주는 직접 팔을 걷어붙이고 주주들의 이해와 협조를 구한다.

나는 우리나라 주총 문화에 변화가 필요하다고 본다. 숫제 군사 작전하듯이 보유지분의 힘으로 밀어붙이는 주총 말고, 교장선생님 훈화 말씀처럼 지루한 주총 말고 축제 같은 주총이 되기를 바란다. 그 좋은 예가 오마하의 축제로 불리는 버크셔 해서웨이의 주총이다. 일주일 동안 열리는 주총에는 매년 수만 명이 전 세계에서 찾아온다. 이 기간에는 오마하는 물론이고 외곽 지역 숙박 시설까지도 주주들에게 바가지요금을 씌운다. 그래도 사람들은 즐겁다. 주주와 워런 버핏의 일문일답, 경제 전망과 관련된 토크쇼, 칵테일 파티 등 주주들을 위한 다양한 프로그램이 마련되어 있기 때문이다. 버크셔 해서웨이의 주식을 갖고 있다는 것을 축복이라고 말하는 그들은 진정한 동반자적 투자자가 아닌가 생각된다.

나도 한 기업의 대주주에게 이와 같은 주총을 제안해 본 적이 있다. 돼지도 몇 마리 잡고 가수도 부르고 해서 축제를 하자고 했다. 그러면 주주들이 입소문을 내는 최고의 충성고객이 되고 새로운 고객도 창출할 수 있다고 했다. 그러나 주총꾼들 때문에 안 된다는 답이 돌아왔다. 주총꾼이란 주식을 몇 주 산 뒤에 주총에 가서 사사건건 딴죽을 걸고 소란을 일으키는 사람들을 뜻한다. 그들의 목표는 '기업경영을 잘하라'는 메시지를 전하는 것이 아니다. 행사를 진행해야 하는 기업 측을 당황하게 해 돈을 받으려는 것이다. 참 별 사람도 다 있다 하겠지만 여러분이 생각하는 것보다 훨씬 더 많다. 주총꾼들은 팀을 짜서 움직이는데 서로 남의 구역은 침범하지 않는다고 한다. 골치 아픈 사람들이긴 하나 구더기 무섭다고 장 못 담그겠다는 논리다.

아직은 축제 같은 주총을 기대하기는 어렵다. 그러나 주총은 대주주의 성향과 기업 분위기를 파악하는 데 유용하다고 생각한다.

적정유보초과세 도입이 절실하다

이익을 적게 냄으로써 주가를 묶어 두고 배당도 하지 않으면 투자자로서는 정말 견디기가 어렵다. 이렇게 되면 기대수익은 없고 리스크만 안고 있는 꼴이다. 그러나 대주주 측은 시간이 많다. 주가가 충분히 하락해야 하므로 오히려 시간이 많이 필요하다고 하는 것이 정확한 표현일 것 같다. 지분 싸움에서 밀리면 주총 하루 동안 좀 괴롭게 하는 것이 거의 전부일 뿐, 소액주주들은 뾰족한 방법이 없다. 이를 어느 정도 견제할 수 있는 것이 적정유보초과세다. 아래는 내가 얼마 전 한 신문에 기고한 칼럼 전문이다.

한국에서 대주주는 쥐꼬리 배당을 선호한다. 적게 배당한 만큼 회사의 자본을 증가시킬 수 있고 소득세도 줄어든다. 주가가 떨어질 수 있지만 경영권을 자식에게 물려줄 때 상속세가 줄어드는 이점이 있다.

대주주가 쥐꼬리 배당을 하면서 콧노래를 부르는 사이 소액 주주들은 죽어난다. 주식투자의 본질 가치 중 하나는 기업에 투자를 하고 성과에 따른 배당을 받는 것이다. 투자자들은 미래에 수령할 배당까지 고려해 주식의 가치를 결정한다. 그런데 배당이 적다면 시세차익을 통해 수익을 실현할 수밖에 없다. 자연히 투기적 주식거래가 성행한다.

저배당의 부작용을 막기 위한 제도 중에 적정유보초과세라는 것이 있다. 기업 이익에서 미래에 대한 투자나 법정준비금과 차입금 등 소요자금을 제외하고는 모두 배당하라는 취지다.

미국은 적정유보초과소득에 대해 사후적으로 15퍼센트의 법인세를 부과하고 있다. 일본에선 주주 등 3인의 지분율이 50퍼센트를 초과한 가족 회사가 이익의 60퍼센트 이상을 배당하지 않으면 최대 20퍼센트의 법인세를 부과한다. 대만에서는 자본금에 해당하는 금액을 초과하는 유보금에 대해 10퍼센트의 법인세를 추가로 과세한다.

적정유보초과세는 소액투자자를 봉으로 아는 대주주에게는 고통스럽겠지만 경제 전반에 긍정적인 영향을 미친다. 대주주에게 묶인 자금은 은행 예금이나 부동산투자 등 비효율적인 곳에 사용된다. 은행 예금은 꼭 필요하지만 기업은 은행보다 높은 수익을 내고자 하는 이익집단이다.

따라서 배당돼야 할 자금을 은행에 묶어 두는 것은 기업의 본질 가치에 어긋나는 행동이다.

배당을 하면 돈이 필요한 곳으로 흘러가게 된다. 적정유보초과세에 따른 적정한 배당은 경기활성화에도 상당한 도움을 준다. 배당을 받은 개인이 불어난 소득에 비례해 지출을 늘리게 되는 것이다. 여기에다 배당에 따른 소득세를 부과함으로써 국가의 세금징수금액도 늘어난다.

최근 유럽의 경제위기 여파로 주식시장이 급등락을 거듭하고 있다. 아마도 경제협력개발기구OECD 국가 중 주가 변화가 가장 심한 나라가 한국일 것이다.

수출 중심의 경제 구조와 글로벌기업의 외국인 보유지분
이 높은 것이 가장 큰 원인이겠지만 미국의 절반도 되지 않는
배당성향의 영향도 만만치 않다. 적정한 배당이 이루어지면
주가가 하락할수록 주가배당수익률은 높아진다. 배당이 뒤
를 받쳐줄 때 주가 급등락 현상이 완화될 수 있다.

배당에서 나오는 투자수익이 미미한 수준에서는 우리 주
식시장의 고질적 병폐인 투기적 거래는 계속될 것이다. 자본
시장을 건전하게 성장시키고 고배당을 통한 경제 활성화를
위해서는 적정유보초과세의 도입이 절실하다.

_〈적절한 배당이 증시 살린다〉, 《매일경제》, 2012.07.20

만약 대주주가 위의 글을 읽었다면 '또 세금이냐'고 불평했을
지도 모르겠다. 적정한 수준에 대한 논의는 사회 변화에 따라 지
속적으로 논의해야 하지만 기본적으로 많이 버는 사람이 세금을
많이 내야 한다고 생각한다. 그런데 배당과 관련된 세금은 애매
한 지점이 있다. 우선 수단과 방법을 가리지 않고 세금을 덜 내려
는 대주주, 개인왕국을 꿈꾸는 대주주는 논외로 하자. 건전한 생
각을 갖고 있는 대주주라 해도 억울한 감정을 가질 만한 것이 현
재 배당 관련 세금이다.

독자께서도 이미 알고 있듯이 기업은 이익을 내면 24.2퍼센트의 법인세를 내야 한다. 세금을 내고 남은 돈 중에서 투자 자금과 유사시에 쓸 자금 등을 제외한 뒤에야 주주들에게 배당을 한다. 그리고 여러분들은 배당을 받으면 배당소득세와 주민세를 합쳐 15.4퍼센트의 세금을 내야 한다. 주주들이 그 회사의 주인이라는 점을 생각하면 같은 사람의 같은 이익에 두 번의 세금을 물리는 것이다. 이중과세인데 대주주는 여기서 좀 더 무거운 세금을 내야 한다.

배당과 같은 금융소득이 4000만 원을 넘으면 배당세가 아니라 종합소득세의 적용을 받는다. 종합소득세는 누진세율을 적용하기 때문에 최대 35퍼센트까지 매겨지며 여기에 주민세를 더하면 38.5퍼센트가 된다. 대주주쯤 되면 배당을 조금만 해도 4000만 원을 넘기기 때문에 종합소득세의 적용을 받는다고 봐야 한다.

예를 들어 대주주가 30퍼센트의 지분을 가진 기업이 100억 원의 이익을 냈다고 하자. 24억여 원을 법인세로 납부한 뒤 남은 금액을 전부 배당해도 대주주에게는 14억여 원이 손에 떨어진다. 주주들의 권리를 보장해 주고 배당의 경제적 역할을 이해하고 있는 대주주라 해도 이중과세를 물고 손에 쥐는 돈을 생각하면 섭섭할 법하다. 회사 자금을 자기 호주머니의 돈처럼 쓸 수는 없지만 유보금으로 남겨두면 자기 재량권 아래 있는 돈이다. 배당을 하면 상당액수가 세금으로 나간다. 특별한 이유가 없는 한 높은 배당을 할 동기가 없는 것이다.

그래서 적절한 배당을 유도하기 위해 적정유보초과세와 함께 배당소득에 대한 분리과세를 하자는 것이다. 그렇게 되면 줄어드는 세수에 대한 걱정을 할 수 있다. 적정유보초과세 없이 분리과세만 한다면 그럴 수 있다. 분리과세를 하면 세율은 낮아지지만 배당액수가 많아질 것이므로 세수도 비례해서 늘어난다. 배당을 적게 하면 적정유보초과세의 적용을 받는다. 전문가들이 꼼꼼하게 따지고 계산해 봐야겠지만 세수가 그렇게 많이 줄어들 것 같지는 않다. 일부 세수가 줄어든다고 해도 위에서 말한 배당의 경제적 효과를 고려한다면 충분히 시행할 수 있는 제도다. 적정유보초과세와 배당에 대한 분리과세는 대주주의 적극적인 배당정책을 위한 두 개의 수레바퀴가 되리라 생각한다.

절대권력은 절대 부패한다

독자께서는 벌써부터 '만날 소통을 강조하고 소통되는 기업에 투자하라고 하더니 J기업 같은 회사에는 왜 투자했느냐?'고 묻고 싶으셨을 것이다. 처음 내가 J기업에 관심을 가지고 투자를 하게 된 것은 사업 아이템이 참 좋았기 때문이다. 인류가 쇠고기를 끊지 않는 한 쇠가죽이라는 부산물은 계속해서 나올 것이다.

그것을 가공해서 생활에 필요한 물건을 생산한다니 사회적으로도 얼마나 좋은 일인가. 가죽은 의류와 핸드백, 자동차 시트, 신발 및 각종 생활용품 등 안 쓰이는 데가 없다. 이렇게 좋은 아이템을 가진 회사가 재무구조도 튼실했다. 그리고 소통도 되고 적정한 수준의 배당도 했다. 그런데 언제부터인가 현재처럼 불통왕국이 된 것이다.

기업이라는 조직 내에서 대주주는 대통령 이상의 권력을 가진다. 대통령처럼 임기가 있는 것도 아니다. 건강이 허락하는 한, 기업이 망하지 않는 한 끝까지 쥐고 있을 수 있는 것이 대주주의 권력이다. 절대권력은 절대 부패한다는 말처럼 견제와 감시를 받지 않는 권력은 부정을 저지르기 쉽다. 인간은 한없이 이타적인 존재이기도 하지만 또 한없이 이기적인 존재가 되기도 한다. 그래서 삿된 마음이 자라나지 않도록, 또는 그 마음을 행동에 옮길 수 없도록 견제와 감시가 필요한 것이다. 이를 위한 것이 사외이사제도다.

우리나라는 1998년부터 상장회사에 한해 사외이사와 감사위원회를 두도록 했는데 그 목적은 대주주와 관련 없는 사람들을 이사회에 참가시켜 대주주의 전횡을 방지하려는 것이다. 그런데 대주주와 사외이사들이 갈등을 일으켰다는 소식을 들어본 적이 없다. 사외이사는 오래전부터 거수기로 불려 왔다. 공정거래위원회가 발표한 시가총액 상위 100개사 가운데 대기업 집단 소속 79개사의 2011년 이사회 운영 결과를 보면 이건 해도 해도 너무한다 싶다. 상정된 안건 2020건 중 사외이사의 반대로 부결된 안건은 단 1건이었다는 것이다. 1년에 몇 번 나가지도 않으면서, 초등학생들도 잘하는 '손들기'만으로 억대 연봉을 받는 사외이사들이 꽤 많다. 이들의 전직은 검찰, 행정 공무원, 국세청 간부 등 힘 있는 기관 출신 인사인 경우가 많은데 어떤 업무를 주로 하게 될지는 조금만 생각해 봐도 알 수 있다.

이렇게 된 원인이야 다들 알고 계시듯이 대주주 또는 최고경영자가 자기 입맛에 맞는 사람들만 뽑기 때문이다. 제도의 취지를 되살려 이사회가 갑론을박이 오가는 현장이 되었으면 한다. 손만 들게 할 거라면 굳이 높은 연봉을 주면서 기업이 힘들게 번 돈을 축낼 필요가 없다.

유명무실한 사외이사제도 외에 대주주의 전횡을 방지할 수 있는 실질적인 방법이 있다. 바로 자산운용사와 연기금의 주주권 행사다. 사정을 모르는 분들은 이게 무슨 소리인가 하실 텐데, 이들은 상당한 지분을 소유하고 있음에도 의결권을 거의 행사하지 않는다. 성격이 다르기는 하지만 고객들의 자금을 운용한다는 측면에서는 같다. 따라서 둘 다 고객의 이익을 최대화해야 할 의무가 있는 것이다. 그런데도 자기 고객들의 자산 증식에 불리한 결정을 내리는 대주주를 지켜보기만 한다. 주총 때가 되면 대주주 측이 가서 위임장을 받아오는 것이 관례처럼 되어 있다.

이렇게 되는 데는 각자 나름의 사정이 있다고 하지만 설득력은 떨어진다. 먼저 자산운용사는 기업들과 밀접한 관계, 정확히는 을의 관계에 있는 경우가 많다. 자산운용사에는 개인의 자금과 함께 기업의 자금도 있다. 개인들은 대체로 자신의 권리를 적극적으로 행사하지 않지만 기업은 다르다. 자산운용사가 투자하는 기업의 자금을 유치하는 경우는 말할 것도 없다. 그렇지 않은 경우라 해도 같은 그룹의 자금이거나 자금을 받은 기업과 투자한 기업이 밀접한 관계인 때도 많다.

증권사가 모기업인 운용사 역시 자유롭지 않기는 마찬가지다. 증권사가 회사채 발행, 유상증자 등의 업무를 하면서 기업으로부터 돈을 벌기 때문에 독립적으로 운용되기 어려운 환경이다. 그렇다고는 해도 엄연히 법인으로서 경영행위를 하는 만큼 주어진 권한을 행사하는 것이 옳다.

전 사회적으로 워낙 비리가 퍼져 있어서 그런지 이 정도 '아삼류'은 '원래 다 그런 것'이라고 인정하는 분위기가 있다. 그러나 기업과 자산운용사만의 일이 아니다. 여기에는 일반투자자들의 돈도 있다. 누군가는 그들의 불합리한 행태로 인해 손해를 보고 있다. 누군가 내 주머니에서 지갑을 빼 가는데 '원래 다 그런 거'라고 넘길 수 있을까. 잘못된 일을 관례라는 말로 포장하곤 하는데 잘못된 관례는 그저 부정하거나 불공정한 일일 뿐이다.

자산운용사보다 더 빨리 변화시킬 수 있고 더 강한 영향력을 발휘할 수 있는 곳이 연기금이다. 대표적인 연기금인 국민연금을 보자. 2012년 6월 기준으로 10대 재벌그룹 상장사에 대한 국민 연금의 지분율은 4퍼센트를 넘었고 5퍼센트 이상 지분을 보유한 10대 그룹 상장사도 48개사에 이른다. 이는 재벌 총수들의 평균 지분율보다 훨씬 높다. 그런데도 마치 남의 일인 양 부당한 결정을 지켜보고만 있다.

연기금의 주주권 행사 포기에 대한 문제 제기는 오래전부터 있어왔고 최근에는 정치권에서 이와 관련한 법 개정 움직임이 있다고 한다. 여당의 한 의원은 국민연금관리공단이 5퍼센트 이상의 지분을 보유한 기업에 대해서는 주주권 및 사외이사 추천권 행사를 의무화하도록 하는 법 개정안을 발의했고 야당에서도 입법안을 준비 중이라고 한다.

이 법안의 직접적인 영향을 받는 기업들은 관치경제, 경영간섭 등의 말을 내세우며 반대하고 있다. 관치경제와 경영간섭은 나도 반대한다. 시장경제에서 정부가 기업경영을 좌지우지해서는 안된다. 연기금은 경영의 전문가가 아니므로 경영에 사사건건 간섭해서도 안 된다. 그러나 주주들(국민연금의 경우 국민들 전부다)의 이익에는 반하고 대주주의 이익만 챙겨 주려는 결정을 감시하는 것은 관치경제가 아니라 정당하고도 당연한 의무다. 연기금이 '주주들'의 이익을 위해 적극적으로 자신의 의무를 행사한다면 일반 투자자들도 이를 믿고 장기투자를 하지 않을까 생각한다.

다시 투자자의 입장으로 돌아와서, 뜻하지 않게 개인왕국을 창건하려는 기업에 투자를 했을 때 우리는 어떻게 해야 할까? 억울하지만 털고 나와야 하는 것일까, 아니면 개선을 요구하며 싸워야 하는 것일까. 딜레마다. 그냥 매도하고 나오면 다른 기회를 찾을 수 있겠지만 그들은 편안하게 자신들의 사익을 챙길 수 있다. 그것이 그들이 원하는 바다. 반면 소액주주들끼리 인터넷 등을 통해 힘을 모으고 싸우면 변화의 단초는 만들 수 있다. 사람들이 많이 모여서 일정 이상의 지분이 하나의 기치 아래 모이면 대주주도 마음대로 할 수 없다. 내가 J기업 주총에서 진을 뺀 것도 대주주의 전횡을 막기 위한 과정이었다. 그러나 그 시간은 오래 걸린다.

나는 여러분에게 이것이 옳다 저것이 옳다라고 말하지 못하겠다. 그것은 여러분 각자의 선택이다. 다만 원론적으로 말하면, 주식을 사 놓고 마냥 오르기만 기다리기보다는 적극적으로 참여하고 의견을 개진하는 것이 주주의 권리이자 동시에 책임이라는 것이다.

투자자와 대주주 사이, 신뢰 있어야 주식회사가 흥한다

기업은 우리 삶의 터전이다. 우리는 기업에 종사하면서, 기업에서 만들어낸 제품과 서비스를 이용하며 살아간다. 시중에 화두인 경제 살리기나 일자리 창출 역시 기업을 살리자는 말과 다름이 아니다. 이러한 기업들 중 상당수가 자본시장의 꽃이라고 불리는 증권시장을 통해 자금을 조달하고 있다.

증권시장은 기업이 투자자들의 자금으로 사업의 기회를 마련할 수 있도록 하고 투자자들에게는 기업의 성과를 공유할 수 있는 기회를 제공한다. 그럼으로써 소득의 재분배와 경제 활성화에 도움을 주는 것이다.

우리나라에는 1800여 개의 주식회사가 상장되어 있다. 이들은 주주들이 마련해준 자금을 바탕으로 기업을 운영하고 있다. 따라서 기업(주식회사)은 '투명하고 공정한 방식으로 주주들과 기업

성장의 이익을 나누겠다'는 약속이 전제되어 있다. 법을 따질 것도 없이 이것이 상식이다.

그러나 '주식회사의 상식'은 대주주에 의해 내팽개쳐지기 일쑤다. 20~30퍼센트의 지분을 가지고 기업을 마음대로 지배하면서 사리사욕을 채우는 데 급급한 대주주가 많다. 수백억 원의 수익을 내고도 배당은 쥐꼬리만큼 하고 자회사를 만들어 이익을 빼돌리기도 한다. 몰상식한 대주주에게 주주는 돈이 필요할 때, 리스크에 대한 부담을 나눌 때는 필요한 존재지만, 이익을 나눌 때는 거추장스럽기 짝이 없는 존재일 뿐이다.

이래서는 사업의 기회 제공과 기업의 성과 공유라는 증권시장의 목적을 이룰 수 없다. 투자자와 기업 간에 신뢰가 쌓여야 투자 활성화와 이를 통해 경제 활성화가 가능하다. 투자자와 기업 간의 신뢰를 쌓기 위한 여러 제도들이 있다. 하지만 현실적으로 법적 취지에 맞게 잘 운용되지는 못하고 있다.

감사나 감사위원회, 사외이사 등이 있지만 대주주가 채용한 사람들이니 한통속인 경우가 많고 주주총회도 대주주의 입김에 의해 좌지우지되는 경우가 대부분이다. 또 회계장부 열람제도가 있지만 이를 활용하는 주주는 거의 없다. 그리고 뭔가 꿍꿍이속을 가지고 있는 기업일수록 영업상의 비밀 운운하며 보여주지 않는다. 이래서는 자본시장이 발전할 수 없다.

투자자들은 많은 것을 원하지 않는다. 기업을 투명하게 경영하고 그 성과를 함께 공유하자는 것이다. 그러면 투자자들도 단기적인 관점보다는 장기적인 관점으로 접근할 것이다. 가장 바람직한 것은 몰상식한 일부 대주주들이 스스로 상식을 되찾고 주식회사의 약속을 지키는 것이다. 하지만 그럴 가능성은 희박해 보인다.

관계 당국의 엄격한 법 집행과 감독, 또 투자자들의 적극적인 감시와 견제가 절실히 필요한 시기다. 경제사범에 대한 솜방망이 처벌이나 부당한 이득보다 적은 과징금으로는 문제를 해결할 수 없다. 경제범죄는 직접적이지 않을 뿐 투자자에게 미치는 피해는 물리적 폭력보다 덜하지 않다.

또한 투자자들도 기업에 대한 감시가 자신들의 권리이자 의무라는 점을 인식하고 적극적으로 대응할 필요가 있다. 그래야 기업과 동행하는 진정한 의미의 투자자라 할 수 있고 그것이 안정적으로 투자수익을 낼 수 있는 길이기도 하다. 우리 생활의 터전인 기업이 대주주의 전횡에 흔들린다면 우리의 삶도 흔들릴 수밖에 없다는 점을 유념해야 한다.

필자는 많은 사람들에게 주식투자는 우리 생활의 일부이고 어려울 때일수록 우리 기업을 믿고 투자해 줘야 더불어 잘살 수 있다는 메시지를 전달하며 우리 기업에 투자하고 있다.

투자자와 기업 간의 신뢰관계가 형성되지 않으면 아무리 경제 살리기와 일자리 창출을 외쳐도 공염불에 그칠 수 있다. 투명하고 건실하게 경영해서 그 성과를 함께 공유하고자 하는 애초의 '주식회사의 약속'이 반드시 지켜져야 하는 이유다. 그래야 함께 잘살 수 있다.

_《뉴시스》, 2012.09.06

::

장기투자문화가
정착되어야 한다

　안랩, 보령메디앙스, 아가방컴퍼니, 바른손. 업종이 다른 이들 기업의 공통점이 있다. 2012년 초, 총선정국을 이용한 시세조종 대상 기업이었다는 것이다. 독자들께서는 '상한가 굳히기'라는 용어로 기억하고 계실 것이다. 다들 아시겠지만 간략하게 그 수법을 정리하면 이렇다. 세력들이 정치인과 연관 있는 종목 하나를 찍어 매도 물량의 몇 배나 되는 매수주문을 상한가에 낸다. 투자자들은 장이 종료될 때까지 가득 쌓여 있는 상한가 매수 주문을 보고 뭔가 있나보다며 다음날 매수에 뛰어든다. 그러면 주가는 더 오른다. 이때 물량을 넘겨 시세차익을 남기는 것이다.

이 수법은 정치테마주에만 한정되지 않는다. 거래량이 많지 않고 시가총액이 낮은 종목일수록 손쉽다. 보통 시중에 총발행주식의 50퍼센트 정도가 유통되고 있는데 그중 30~40퍼센트를 매집해 놓고 나머지로 시세조종을 해 버린다. 짧게 해먹고 빠지는 때도 있고 원래 주가의 몇 배까지 끌어올릴 때도 있다. 개미투자자들은 처음에는 '이거 뭐지? 작전인가?'라며 갸우뚱하다가 계속해서 오르면 '여태까지 올랐으니 더 오를 거야'라며 뛰어든다.

주가조작은 허위사실로 투자자를 유인한다. 건전한 투자자도 속을 수 있다. 하지만 시세조종은 좀 다르다. 아무런 근거도 없이 오로지 지금까지 올랐으니 내일도 올라갈 거라는 미신으로 뛰어드는 탐욕의 치킨게임이다. 그래서 시세조종 혐의가 있어도 처벌하기가 쉽지 않다고 한다. 감독기관은 감시를 철저히 하고 이상신호가 발생하면 한시라도 빨리 투자자들에게 경고를 하는 등의 조치를 취할 필요가 있다. 과거에는 사태가 상당히 경과한 후에야 투자주의 종목으로 지정하는 등 늑장대응을 했지만, 최근에는 많이 나아지고 있다.

시세조종 혐의로 검찰에 고발되더라도 투자자가 손실금을 회수하기란 거의 불가능하다. 그러니 치킨게임에는 아예 뛰어들지 않아야 한다. 세상의 속도가 빨라진 만큼 주식 거래의 속도도 빨라졌다. 그리고 간편해졌다. 지금은 산속에서도 핸드폰으로 주식을 사고팔 수 있다. 클릭 몇 번이면 된다. 그러나 주식시장의 속도가 빨라졌다고 해서 투자자들까지 시세판의 변화에 급하게 반응해서는 안 된다. 빨라지고 편리해진 것만큼 시세조종도 쉬워졌다. 강도와 사기꾼의 결정적 차이는 강제성에 있다. 강도는 완력으로 상대방의 것을 빼앗지만 사기꾼은 상대방이 자발적으로 내놓도록 만든다. 이 자발성을 끌어낼 수 있는 것은 피해자의 마음속에 탐욕이 있기 때문이다. 주식시장에 탐욕으로 눈이 먼 사람들이 많으니까 시세조종 같은 수법이 통하는 것이다. 시세조종에 속아 피해를 본 분들에게는 미안한 말이지만, 책임의 50퍼센트는 자발적으로 '묻지마 투기'에 뛰어든 분들에게 있다.

우리나라 투자자들의 투기문화는 심각한 지경이다. 투자자보다 투기자가 더 많은 것 같다는 생각이 들 때도 있다. 일반투자자뿐 아니라 전업투자자나 증권사, 투자자문사 등에서 근무하는 사람들 중에서도 '주식투자는 투기'라고 주장하는 이가 많다. 잘못된 투자문화를 바로잡는 데 일조해야 할 사람들이 얕은 재주만 믿고 투기적 거래에 앞장서고 있는 형국이다.

나는 기업의 본질 가치를 보고 장기적으로 투자해야 수익을 거둘 수 있고 나아가 우리나라 자본시장의 발전에도 도움이 된다고 생각한다. 장기투자에 대한 세제 혜택 등을 통해 투자문화를 바꾸어야 한다. 장기투자를 하든 단기투자를 하든, 그래서 수익이 나든 손실이 나든 자기가 알아서 할 일이지 세금제도까지 손댈 필요가 있느냐고 하실 수 있다. 자본주의는 각자 자신의 이익을 위해 최선을 다하는 것이고 그 결과에 대한 책임 역시 개인에게 있다는 논리도 일견 타당하다. 그러나 공익이라는 측면이 있고, 또 각 개인이 항상 자신을 위한 최선의 선택을 하지 않는다는 면도 있다. 장기투자문화는 자본시장의 건전화, 나아가 기업의 발전에 도움이 된다. 또한 투자자 개인이 수익을 내는 데도 유리하다. 그렇다면 제도적인 뒷받침으로 모두에게 좋은 방향으로 유도하는 것이 당연하다.

증권사는 투자회사로 거듭나야 한다

우리의 투자문화가 이렇게 된 데에는 증권사의 책임도 크다. 앞서 설명했듯이 우리나라 증권사들은 수수료 수입에만 열을 올리고 있다. 아래 그림에서 보듯 증권사 수입의 상당 부분이 수수료다.

자본시장통합법의 목적은 투자자 보호, 공정성과 신뢰성 제고, 투자은행산업으로의 발전 등이었다. 모두 다 중요한 목적이지만 내가 주목하는 부분은 투자은행으로의 발전이다. 다시 말해, 기업과 투자자를 연결해 주는 증권사의 업무는 서비스 개념으로 가고 투자에 좀 더 적극적으로 나서야 한다. 그러나 극히 일부 증권사를 빼놓고는 이러한 구조를 바꿀 의도가 없는 것 같다. 안전한 연못이 있는데 굳이 바다로 나갈 필요가 있느냐는 것이다. 안전할지는 모르지만 이렇게 해서는 발전을 기대할 수 없다.

　가만히 생각해 보면 이 같은 증권사의 행태는 커다란 모순을 안고 있다. 애널리스트가 기업을 발굴해 보고서를 쓰고 고객에게 추천한다는 것은 '이 기업에 투자하면 수익을 낼 가능성이 높다'라고 말하는 것과 같다. 그런데 정작 증권사 자신은 투자에 소극적이다. 이걸 어떻게 설명할지 궁금하다.

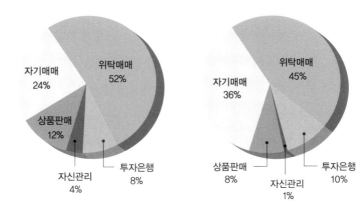

중대형 증권사 (자본 기준 : 1위~10위)

자기매매 24%

위탁매매 52%

상품판매 12%

자신관리 4%

투자은행 8%

중소형 증권사 (자본 기준 : 11위~42위)

자기매매 36%

위탁매매 45%

상품판매 8%

자신관리 1%

투자은행 10%

※위탁매매 수익은 위탁매매 수수료와 신용공여 이자수익을 포함　　　　출처 : 한국거래소(KRX)

[그림15] **국내 증권회사 수익구조(2012.03 기준)**

내 기대와는 달리 최근 증권사들은 ELS 상품을 개발, 판매하는 데 재미를 붙인 것 같다. 특정 종목이나 코스피200 지수 등을 기초자산으로 하는 파생상품이다. 상품 설명을 들으면 솔깃하다. 나에게도 증권사 직원이 찾아와 상품 설명을 한 적이 있는데 정말 '멋진' 상품이었다.

기초자산으로 삼는 종목은 대부분 우량주다. 그런 종목이 투자시점의 주가에서 40~50퍼센트까지 하락하지만 않으면 두 자릿수 이상의 수익을 올릴 수 있다고 한다. 저렇게 우량하고 좋은 기업의 주가가 2~3년 이내에 절반까지 폭락할 리는 없을 것 같다. 그러나 현실은 다르다. 절대로 일어날 것 같지 않던 일이 일어난다. 최근에는 ELS 상품과 관련한 소송 소식도 들린다. 이 세상에는 안정적이면서 고수익을 주는 투자는 없다. '하이 리턴'은 반드시 '하이 리스크'를 동반한다. 로또에서 진짜 대박을 맞은 것은 개인이 아니라 시행사라는 말이 있었다. 동일선상에서 비교할 수는 없지만 ELS로 누가 돈을 벌었는지는 생각해 볼 문제다.

증권사가 투자은행의 형태로 가기에는 아직까지 경험이 부족해 위험하다는 의견이 득세하고 있다. 일부 증권사는 손실을 봤다며 투자를 접은 것으로 알고 있다. 성공과 실패를 거듭하면서 실력이 느는 것인데 성공만 하려니 늘 제자리걸음이다.

증권사는 될성부른 기업을 알아볼 인프라를 갖추고 있다. 이 능력을 이용해 성장성이 좋은 기업을 발굴해 투자하고, 그 자본을 바탕으로 성장한 기업과 과실을 나누는 방식으로 가야 한다. 그것이 사리에도 맞고 증권사의 성장에도 좋으며 자본시장의 건전화에도 기여하는 길이다.

투자자에 대한 기업의 배려가 절실하다

앞에서 나는 바람직하지 않은 경영자에 대한 이야기를 길게 했다. '주식투자 한번 해 볼까'라는 생각으로 이 책을 읽은 독자께서 앞의 내용을 읽으셨다면 '역시 주식투자는 하지 않는 게 좋겠군'이라고 생각했을지도 모르겠다. 기업을 경영하는 분이라면 '경영자들을 너무 매도한다'고 생각했을 수도 있다. 부도덕한 기업에 투자해 고생하는 일이 없기를 바라는 뜻에서 한 것이니 부디 오해가 없길 바란다.

나는 기업가들을 존경한다는 말을 자주한다. 기업가는 대단한 사람이다. 아이디어가 뛰어나야 하고 추진력, 친화력, 뚝심, 위기관리 능력, 정신력과 체력 등 그야말로 다재다능해야 한다. 24시간을 기업 경영에 바칠 헌신적인 자세가 있어야 하고 수많은 종업원들을 먹여 살려야 하는 막중한 책임도 따른다.

무엇보다 힘든 점은 '최종 결정'을 내리는 데 따르는 책임감과 외로움이 아닐까 생각한다. 직원들이 다양한 의견을 내놓기는 하지만 마지막 결정은 경영자의 몫이다. 기업의 중대한 방향을 결정해야 할 때의 압박감은 직접 경험해 보지 않으면 상상조차 하기 어렵다. 오늘도 수많은 경영자들이 늦은 밤까지 혼자 사무실에 앉아 결단의 외로움과 싸우고 있을 것이다. 이러한 경영자의 노고를 인정해 주는 문화가 있어야 한다. 인정한다는 것이 '고생하니까 마음대로 하라'는 뜻은 아니다. 경영자 입장에서 본다면 노고를 인정받기 위해서라도 정해진 법과 제도 안에서 투명하게 경영해야 한다. 직원에게 뭔가를 감추거나 잘못된 신호를 줘서 혼란에 빠뜨리면 안 되듯이 투자자에게도 신의를 지켜야 한다.

장기투자문화의 필요성을 이야기할 때 제일 먼저 장애가 되는 것이 기업에 대한 불신이다. 길게 투자하려고 해도 기업이 성장한다 싶으면 돈을 빼돌리거나 편법으로 개인의 부를 축척하려는 경영자가 적지 않기 때문이다. 장기투자는 예측 가능성을 전제로 한다. 미래를 손바닥 보듯이 환하게 안다는 뜻이 아니다. 경제 상황이 나빠질 수도 있다는 걸 모르고 투자하는 사람은 없다. 다만 경영자의 부정한 행위로 인해 갑작스럽고 억울한 일을 당하지 않을 거라는 믿음은 있어야 한다는 것이다.

단기간에 될 거라고 생각지는 않지만, 조금 더 욕심을 부려본다면 주주를 배려하는 기업문화도 있어야 한다. 번 돈을 적정하게 배당하고 기업의 경영정책이나 전략 등을 적절하게 공개해 투자자들을 안심시켜야 한다. 정보를 적게 가진 사람일수록 불안할 수밖에 없고 그런 상태로는 장기투자를 할 수 없기 때문이다.

투자자들도 눈높이를 낮춰야 한다

기업의 신뢰 회복 노력과 더불어 투자자들도 기대수익률을 낮춰야 한다. 아직도 많은 투자자들이 "2000만 원을 투자해 '다섯 번만' 200퍼센트 수익을 내면 6억 원이 넘는다"는 식으로 생각하는 것 같다. 또 어떤 이는 연간 영업일수가 250일 정도되니까 하루에 '고작' 1퍼센트의 수익만 내면 1년에 250퍼센트의 수익을 낼 수 있다고 생각한다. 복리로 계산한다면 역사상 어떤 투자자도 하지 못했던 경이적인 수익을 올리게 될 것이다. 연이율이 3~6퍼센트에 불과한 채권이나 은행금리에 비하면 환상적일 따름이다. 다만 현실과는 동떨어진 구름 위의 환상일 뿐이다. 이와 같은 생각으로 투자에 임한 사람들의 결말에 대해서는 지겹도록 다루었으므로 더 이상 이야기할 필요가 없을 것이다.

앞으로 상당 기간 저성장 국면이 이어질 것이라는 전문가들의 전망이 주류를 이룬다. 글로벌 금융위기에 이은 유럽의 재정위기와 이로 인한 중국의 저성장 국면 등 해외 경제 상황은 우리에게 유리하지 않다는 것이 그 이유다. 나 역시 이에 동의한다. 앞으로는 저성장 국면을 벗어나기 위한 저금리 정책이 이어질 것이다.

이럴 때는 상대적으로 주식시장이 유리하다. 알찬 기업, 알짤 기업에 투자한 후 기업과 소통하면서 숙성될 때까지 기다릴 수 있다면 현행 금리의 두 배 이상의 수익률은 충분히 올릴 수 있다. 다만 욕심을 줄여야 한다. 기대수익률이 높으면 절대로 기다릴 수 없다. 기대수익률을 낮추고 먼 산을 바라보듯 장기적인 관점에서 투자하기를 바란다. 하루하루의 등락에 일희일비하지 말고 담대하게 관조하는 자세가 필요하다. 그래야 가까운 곳에서는 보이지 않았던 큰 그림이 보이는 법이다.

간접투자시장이 활성화되어야 한다

앞서 기업을 공부하고 소통하는 데 시간과 노력을 들일 생각이 없다면 간접투자를 하시라는 조언을 드린 적이 있다. 내가 보기에 주식투자를 하면서 충분한 시간과 노력을 들여 공부하고 소통하는 사람이 아직은 많지 않은 것 같다. 그러면 간접투자시장이 북적여야 하는데 전혀 그렇지가 않다. 우리나라 개인투자자들이 자산운용사에 맡기는 자금은 시가총액 대비 6.3퍼센트다. 미국은 26.4퍼센트이고 유럽과 호주 등도 20퍼센트가 넘는다.

공부를 하지 않으면서도 기어이 직접 투자를 하는 이유는 어디에 있을까?

서양의 경우 16세기 전후 해양 개척 시대 때부터 공모 형식으로 일반투자자들의 자금을 끌어들여 해외 무역거래와 식민지를 개척했다. 그 과정에서 투자의 개념과 간접투자 방식이 확립되었고 정보를 분석하는 데 비용을 지불해야 한다는 것도 당연시되었다.

반면 우리나라는 그런 경험이 없다. 전문가들이 모여 정보를 분석하고 판단을 내리는 것보다는 친분 있는 사람의 정보와 분석을 더 신뢰하는 경향이 강하다. 친분 관계에 의한 투자는 계약 관계에 의한 구속력도 없고 합리성이 끼어들 여지도 적다. 법적 안전장치조차 없다 보니 사고가 터지면 구제받을 방법이 없다. 그래서 계주가 도망갔다거나 십수년 친분을 쌓은 사람에게 투자 사기를 당하는 일이 자주 벌어지는지도 모른다.

주식투자 부문에서만 보면 펀드라는 것이 도입된 것도 불과 7~8년 전이다. 간접투자문화가 성숙될 시간이 절대적으로 부족했던 것이다.

또 한편으로는 자산운용사에 대한 신뢰가 부족한 탓도 있다. 전문가들을 신뢰하지 않는다면 굳이 수수료를 물어가며 자금을 맡길 이유가 없기 때문이다. 나는 모든 사람이 간접투자를 해야 한다고 생각하지는 않는다. 다만 투자자 개인이 냉정하게 판단해 보는 시간은 가졌으면 좋겠다. 자신의 지식, 기업 공부에 필요한 시간과 에너지를 자산운용사에 맡겼을 때의 수수료 등과 비교해 합리적인 선택이 무엇인지 생각해 보시라는 것이다.

우리나라도 선진국처럼 간접투자 방식에 의한 장기투자문화로 가야한다고 생각한다. 아직은 규모도 작고 펀드에 투자하는 기간도 짧다. 미국은 평균 6~7년인데 우리는 2년에 불과하다. 간접투자시장이 활성화되고 투자 기간도 길어지려면 선진국처럼 장기투자에 대한 다양한 세제지원 등 제도적인 개선이 필요할 것이다.

_____ 조기 증여로 경제 교육을 시키자

주식투자에서 시간은 빼놓을 수 없는 요소다. 좋은 기업에 시간이라는 가치가 투입될 때 비로소 성장하게 된다. 이렇게 보면 독자 여러분의 자녀들은 대단히 유리한 위치에 있다. 상대적으로 풍부한 시간 가치를 소유하고 있으니까 말이다. 조기 증여와 좋은 기업, 그리고 시간이 만났을 때 나타나는 효과를 잘 보여주는 사례가 있다.

몇 년 전 신문에서 읽은 것인데 신현확 전 총리와 그 아들인 신철식 씨의 이야기이다. 신 전 총리는 1974년 비상장 삼성전자의 주식 1만 주(액면가 1000원)를 학생이었던 아들에게 증여했다고 한다. 아들은 2004년 공직에서 물러날 때까지 이 주식을 보유하고 있었다. 그동안 유무상증자를 모두 받아 총 2만 4000주까지 불어난 주식을 약 51만 원에 매도해 122억 원의 수익을 얻었다. 배당을 통해 얻은 수입은 포함하지 않은 액수다.

물론 30년 동안 묵혀 두기만 하면 된다는 뜻은 아니다. 유상증자를 받았다는 데서도 알 수 있듯이 계속해서 기업에 대한 판단을 했을 것이다. 그러나 충분한 시간이 있었기에 멀리 내다보는 여유를 가질 수 있었을 것이다.

독자께서는 '굳이 증여를 할 필요가 있나? 내가 잘 불려서 물려주면 되는 거 아닌가?'라고 생각하실 수 있다. 자녀가 아직 어리다면 증여를 하더라도 당분간은 관리를 해 줘야 한다. 자녀 입장에서는 일종의 간접투자인 셈이다. 독자께서 간접투자를 한다고 생각해 보자. 그러면 자산운용사의 투자 보고를 받게 된다. 그러면 투자된 기업에 일정한 관심을 가지게 될 것이다. 독자께서 자녀에게 '너의 자산은 어떤 기업에 투자되고 있다'라고 하면서 자연스럽게 대화를 한다면 그것 자체가 대단한 경제 교육이 된다.

우리나라 부모들은 자식이 부자로 살기를 바라면서도 정작 경제 교육은 시키지 않는다. 이스라엘은 돈의 의미와 중요성을 어릴 때부터 철저히 가르친다고 한다. 그래야 돈의 가치를 알고 어떻게 하면 투자를 잘해서 돈을 벌 수 있는가를 생각하게 되기 때문이다. 우리나라 아이들이 오로지 입시 공부만 할 때 서양에서는 어릴 때부터 경제 교육의 일환으로 아르바이트를 시킨다.

누가 더 부자로 살 확률이 높은지는 분명하다.

많은 돈이 필요한 것은 아니다. 다시 한 번 강조하거니와 자녀들에게는 시간이 많다. 소액으로도 충분하다는 것이다. 그 돈으로 주식투자를 하게 하면 경제 교육도 되고 장기투자 습관을 길러줄 수 있다. 나아가 한국경제에도 긍정적인 영향을 미칠 것이 분명하다.

증시 쏠림이 문제되는 이유

우리나라 주식시장은 쏠림이 심하다. 안랩, EG 등 대선 관련주의 폭등세, 얼마 전 삼성전자의 급등세가 대표적이다. 안랩은 최저—최고가 갭이 8.8배, 삼성전자는 지난해 9월 저가 대비 올해 5월 고가 갭이 2.1배에 이른다.

최근 주식시장은 삼성전자를 비롯한 일부 IT주와 자동차주를 제외하고는 대부분 주식이 하락해 가치투자를 지향하는 투자자들의 상대적 박탈감이 심했다. 거의 패닉 수준이다.

이 같은 쏠림현상이 어제오늘 일은 아니다. 1988년에는 건설, 금융, 무역 등 트로이카주가 장을 주도했고 1999년에는 벤처 붐에 올라탄 IT주들이 각광을 받았다. 최근 1~2년 사이엔 투자자문사들의 포트폴리오가 시장에 영향을 미치면서 '7공주', '차화정' 같은 용어가 유행했다. 이들 종목은 상승 후 큰 폭의 조정을 보였고 뒤늦게 뛰어든 개미들은 큰 손해를 봐야 했다.

올해 쏠림현상은 과거보다 더 심화·압축된 형태로 나타난다. 삼성전자 주가는 지난해 8월부터 올해 5월까지 9개월 만에 110퍼센트 올랐다. 과거에 못 보던 초단기 상승 기록이다. 삼성전자를 편입해야만 시장수익률을 맞출 수 있게 되면서 다른 회사 주식은 아예 포트폴리오에서 밀려났다.

그 결과 삼성전자 시가총액 비중은 10.5퍼센트에서 19.9퍼센트까지 올라갔다. 이는 정상이 아니다. 미국 뉴욕증권거래소 시가총액 1위 기업인 엑손모빌의 시총 비중은 2.6퍼센트다. 나스닥은 좀 달라서 애플이 11.7퍼센트, 마이크로소프트가 5.8퍼센트, 구글이 3.6퍼센트다.

그러나 나스닥은 뉴욕증권거래소 시가총액의 30퍼센트밖에 안 된다. 일본 시총 1, 2위 업체인 도요타와 NTT도코모가 각각 6.5퍼센트, 3.5퍼센트다. 우리 증시의 집중도가 너무 심하다.

대기업들이 세계를 누비며 돈을 벌고 국위를 선양하는 것은 반가운 일이다. 그러나 우리나라 기업의 99퍼센트는 중소기업이다. 이들이 고용의 88퍼센트를 책임진다. 그런데 중소기업이 GDP에서 차지하는 비중은 40퍼센트도 안 된다. 주식시장에서 이들 중소기업에 투자가 이뤄져야 고른 성장이 가능하다. 분명한 것은 중소기업이 강해야 국가의 경제 체질이 튼튼해진다는 사실이다. 독일, 일본, 대만, 북유럽의 여러 국가들이 그렇다.

　우리 경제와 산업은 너무 대기업에 쏠려 있다. 그 결과 주식시장에서도 돈이 대기업으로만 쏠린다. 지난해 월가의 대규모 시위는 결국 부의 쏠림을 바로잡기 위한 몸부림이었다. 우리는 더욱 절실하다. 정부는 대기업과 중소기업, 지역 경제가 균형 성장을 이룰 수 있도록 수단과 정책을 아끼지 말아야 한다. 그래야 주식시장의 여러 기업들이 소외되지 않고 함께 성장할 수 있다. 여기에 대주주와 경영진의 투명 경영, 투자자들의 올바른 투자문화가 더해져야 한다.

_《매일경제》, 2012.05.25

당신의 아이를
워런 버핏으로 만들려면

복리의 마술을 보여 주는 소위 '72의 법칙'이라는 게 있다. '72의 법칙'은 자산이 두 배로 불어나는데 걸리는 시간을 복리로 계산하는 일종의 공식이다.

예컨대 복리가 적용되는 은행 상품에 가입했는데 금리가 연 5퍼센트라고 가정해 보자. 이 돈이 두 배로 불어나는 데 걸리는 시간은 얼마나 될까? 단리로 계산했을 경우 금리 5 곱하기 20이 100퍼센트이기 때문에 20년이라는 기간이 나온다. 그러나 복리로 계산할 경우 이 법칙을 적용해 72 나누기 5는 14. 4년이 된다. (여기서 단리는 최초 원금에 대한 이자만 매번 지급하는 방식이며, 복리는 원금뿐 아니라 이자에 이자가 붙는 방식이다.)

이처럼 복리가 가장 강력한 힘을 발휘하는 '시간'을 바탕으로 주식투자에 성공해 세계 최고의 부자가 된 사람이 바로 워런 버핏이다. 그는 44년 동안 연평균 20.3퍼센트 수익률을 달성했다고 한다. 1000만 원의 투자금이 매년 복리로 25퍼센트의 수익을 달성할 경우 10년 후에는 9000만 원, 20년 후에는 8억 6000만 원, 그리고 40년 후에는 약 725억 원이 된다. 이것이 복리와 시간의 힘이다.

필자는 소액을 어린 자녀에게 증여하고 부모들이 주식투자를 해 줌으로써 얻을 수 있는 이점에 대해 강조하고 싶다. 당장 먹고 사는 것을 걱정해야 하는 어른에 비해 아이들은 향후 10~20년이라는 강력한 시간의 힘을 가지고 있지 않은가. 그렇다면 우리 자녀들이 세계 제1의 부자가 되는 것도 결코 꿈만은 아닐 것이다.

첫 번째 이점은 무엇보다 주식투자를 통해 자녀들에게 살아있는 경제 교육을 시킬 수 있다는 점이다. 필자에게는 3명의 자녀가 있는데, 각자 자신들이 좋아하고 관심 있는 기업을 고르라고 한 뒤 그 기업에 투자를 필자가 대행해 주고 있다.

아이들과 투자한 기업이 생산하는 제품부터 서비스하고 있는 사업, 향후 주가전망 등을 함께 이야기하곤 한다. 또한 인터넷으로 기업에 대해 검색해 보게 하고 가능하면 투자한 기업의 제품을 직접 구매해서 사용하게 한다.

특히 두 딸에게는 본인이 보유한 주식(회사)에 대한 관점을 물어보고 각종 뉴스를 보게 함으로써 자연스럽게 살아있는 경제 교육을 하고 있다. 경제 뉴스를 접하거나 신문을 볼 때는 투자한 회사와 연결 지어 의견을 물어본다.

여행을 통해 투자한 기업을 같이 방문하기도 한다. 또 증권거래소나 증권사 등에 함께 들러 경제 흐름을 이해시키고 흥미를 불러일으킨다. 자녀들은 경제활동을 하고 있다는 자부심과 경제에 대한 큰 관심을 갖게 된다.

두 번째 이점은 장기투자를 통해 건전한 투자문화를 만들어 갈 수 있다는 점이다. 자녀와 함께 의견을 나누면서 투자 기업을 선정하는 데 쉽게 의사결정을 내리는 사람은 없을 것이다. 자녀의 미래를 위해 신중하게 장기투자할 수 있는 좋은 기업을 선정하는 것이 부모된 도리이다.

기본에 충실한 주식투자를 해야만 소기의 목적을 달성할 수 있다. 단기트레이딩같이 기술적 매매는 바람직하지 않다. 적어도 자녀에게만큼은 주식투자를 통해서 경제를 이해하고 세상을 보는 눈을 키우는 데 목적을 두어야 한다. 따라서 소액으로도 장기투자를 하는 건전한 투자문화를 만들려면 반드시 어려서부터 주식투자를 충실하게 하는 체득 과정이 필요하다.

마지막으로 주식투자를 통해 조기에 소액을 증여함으로써 상

속에 대한 부담을 덜 수 있다. 평균수명이 길어지면서 노후 자금
도 훨씬 많이 필요한 시대다. 대부분의 사람들은 노후에 자식들
에게 증여를 하려고 생각한다. 한꺼번에 큰 자금을 물려주려고
하니 세금도 많이 내야 한다. 때로는 자녀들 간 상속 문제로 불
미스러운 일들까지 발생한다. 그러나 자녀가 어렸을 때 소액을
증여하고 투자 관리를 해 준다면, 아이들이 자립심을 키우고 경
제를 이해하는 데 큰 도움이 된다.

　노후에 큰 자산을 물려주는 것보다, 좋은 기업에 투자해 줘 자
녀들이 실물경제를 바로 알고 실천할 수 있는 터전을 만들어 주
는 것이 무엇보다 중요하다. 유태인 속담처럼 자녀에게 잡은 물
고기를 주는 것보다 잡는 방법을 가르쳐 주는 지혜가 필요하지
않을까.

_《한국경제》, 2009.06.24

제4장

투자하기 전에
반드시 해야 할
8가지 질문

8가지의 질문에 답하기 위해 해야 할 조사와 공부는 부담스럽게 느껴질 수 있다. 녹록치 않은 것은 사실이나 지레 겁먹을 것까지는 없다. 천천히 알아간다는 생각으로 꾸준히 공부해 나가면 된다. 이렇게 빨리 돌아가는 세상에서 그렇게 느려 터진 방법으로 투자하다가는 기회를 다 놓칠 것 같지만 사실이 아니다.

나는 '농심투자철학'이라 명명한 이 방법으로 2001년 이후 2010년까지 연평균 50퍼센트의 수익률을 올렸다.

업종의 전망이
밝은가

소설이나 영화에서 뛰어난 탐정이나 형사들이 미궁에 빠진 사건을 어떻게 풀어 가는지는 보셨을 것이다. 그들은 현장에 도착하면 선입견 없이 증거들을 수집한 뒤 과학적인 방법을 동원해 증거를 분석한다. 그 다음에는 직접적으로 관련 있는 사람들을 불러 조사한다. 그래도 증거가 부족하면 이웃주민 등 목격자를 찾아 탐문수사를 벌인다. 마지막으로 지금까지 수집한 증거, 관련자와 목격자의 진술을 토대로 합리적인 스토리를 만든다. 이 스토리 라인에서 벗어나는 진술을 한 사람이 범인일 가능성이 높다.

그러면 무능한 수사관은 어떻게 수사를 할까. 일단 현장을 딱 보면 누가 범인인지 안다. 그들은 이렇게 말한다.

"저 놈이 범인이 확실합니다."

윗사람이 왜냐고 물으면 "제 감이 그래요. 생긴 게 범죄형이잖아요"라고 답한다. 영화에서는 대부분 주인공인 형사가 '찍은' 사람이 범인이다. 그러나 영화는 영화일 뿐 현실은 다르다. 수사력을 낭비하고 애먼 사람 잡을 확률이 높다.

독자께서는 어떤 형사처럼 종목을 발굴하고 투자할 것인가. 당연히 뛰어난 형사의 방법을 택해야 한다. 여전히 많은 투자자들이 '왠지 좋아 보이는 기업'에 투기를 하고 있다. 본인에게 물어보면 조사할 만한 건 다 했다고 답할 것이다. 이제 좋은 기업을 발굴하기 위해 수집해야 할 증거들과 이를 찾기 위해 어떤 질문을 해야 하고 그 해답을 어떻게 찾아야 하는지 알아보자. 이걸 하지 않았다면 '조사할 만한 건 다 했다'고 답해서는 안 된다.

'이 업종은 향후 5년 동안 어떻게 될 것인가?'라는 것이 첫 번째 해야 할 질문이다. 제아무리 경영을 잘하고 기술이 좋아도 업종 자체가 사양길에 접어들고 있다면 투자하기 좋은 기업이라고 할 수 없다. 우리나라는 수출기업이 많으므로 세계적인 동향까지 파악해야 한다. 반드시 5년일 필요는 없다. 그러나 너무 긴 미래는 예측하기가 어렵고 너무 짧은 미래는 기업이 성장하는 시간으로는 부족하기 때문에 5년이라고 한 것이다. 또 기업이 성장기에서 정체기로 또는 정체기에서 성장기로 넘어갈 수 있는 기간이기도 하다.

업종의 전망을 잘 알 것으로 기대되는 사람은 누구인가? 해당 업계에 종사하는 사람이다. 그래서 나는 누누이 개인투자자들은 자기 업종에서 투자할 기업을 찾는 게 좋다고 강조한다. 자기 업종이 아니라면 전문가들의 견해를 들어봐야 한다. 그들이 항상 옳은 것은 아니지만 경청할 필요는 있다.

각 증권사의 홈페이지에는 분야별 애널리스트가 쓴 업종에 대한 보고서가 있다. 거래하는 증권사가 아니라도 포털사이트 등을 이용하면 여러 전문가의 다양한 견해를 볼 수 있다. 이 자료들을 찾다 보면 개별 종목에 대한 보고서도 보일 것이다. 종목에 대한 보고서의 결론은 강력 매수, 매수, 보유, 매도, 강력매도 등으로 표현되는데 매도, 강력매도의 결론이 나오면 보통 보고서를 내지 않는다.

애널리스트들은 서로 의견을 나누고 함께 기업 탐방을 가기도 한다. 그래서 결론이 비슷하게 나오는 경우가 대부분이고 목표가도 큰 차이가 없다. 해당 업종의 개별 기업에 대한 분석이 어떤지 비교해 보는 것도 좋다. 업종 전체 보고서가 없다면 적어도 애널리스트들이 업종의 전망을 어둡게 보고 있다는 것이다. 참고로 우리나라에는 60개가 넘는 증권사가 있다. 방대한 자료인데, 수익은 늘 노고를 요구한다.

해당 업종에 대한 뉴스도 빼놓을 수 없다. 시스템이 잘되어 있으므로 요령껏 검색어를 입력하면 꽤 긴 기간 동안 해당 업종의 흐름을 읽을 수 있다. 꼼꼼이 생각하면서 읽어야 한다.

　이 밖에도 정부의 사이트, 대한상공회의소, 한국무역협회, 전국경제인연합회 등에서 필요한 정보를 검색할 수 있어야 한다. 예를 들어 해운회사에 투자하려고 한다면 제일 먼저 봐야 할 업종 동향을 어떻게 알 수 있을까. 먼저 세계해운 동향을 알려면 영국 발틱해운거래소가 발표하는 발틱운임지수BDI가 매우 유용하다. 물론 국내의 경우는 한국무역협회의 각종 무역통계나 해운협회 통계자료 등을 공부해야 할 것이다. 이렇게 해당 업종에 대한 정보가 어디에 모이고 있는지 알아두고 지속적으로 확인을 하는 것이 필수다.

::

사업 모델이
심플한가

같은 업종 내에 있더라도 돈을 버는 구조는 기업마다 다르다. 예를 들어 정수기를 제조하는 두 개의 회사가 있다고 하자. 같은 업종이지만 한 기업은 정수기를 파는 데서 대부분의 매출이 발생하고 또 다른 기업은 저렴한 가격에 판매 혹은 대여를 해 준 뒤 관리 비용으로 수익을 창출할 수도 있다. 해당 기업이 업종 내에서 어떤 구조로 돈을 버는가를 파악해야 한다는 것이다.

여기서 '심플' 즉 단순함이란 투자자 입장에서 보는 것이다.

몇 개월 전에 한 IT 업체를 방문한 적이 있었다. 누가 추천을 해줘서 기업 방문을 해 본 것이었다. 이 기업은 KT, SK브로드밴

드 등이 가지고 있는 인터넷망을 빌려서 다른 기업에 재판매하는 사업이 하나 있었다. 또 모바일 어플리케이션 개발 업체에 데이터 센터를 제공하고 있었다. 그리고 클라우드컴퓨팅과 관련된 사업도 한다고 했다. 독자들 중에는 이 정도 설명만 듣고도 '아, 무슨 사업을 하는지 알겠다'라고 하실 분도 있을 것이다. 그런데 나는 설명을 들어도 도통 이해가 가지 않았다. 그러면 적어도 나에게는 복잡한 사업, 이해가 되지 않는 사업인 것이고 투자 대상이 아닌 기업이 된다. 사업이 어떻게 굴러가는지 알아야 기업이 앞으로 어떻게 될지 예상할 수 있는데 그걸 모르면서 투자할 수는 없다. 누군가에게 질문을 받았을 때 짧은 시간에 명쾌하게 설명할 수 있을 정도는 되어야 투자 대상이 될 수 있다.

또 하나 요구되는 심플함이 있다. 이건 이해되고 말고의 문제가 아니다. 자회사와 마구 얽혀 있는 기업들이 있다. 이런 기업은 지분 관계도 복잡하다. 개별 기업 하나만도 만만치 않은데 복잡하게 얽혀 있는 관계사들까지 공부하고 지켜보는 것은 정말 어렵다. 이런 기업은 열심히 들여다봐도 도대체 파악이 안 된다. 자회사를 이용해 이익을 빼돌릴 가능성도 있고 어느 한 곳이 어려워지면 도미노 현상이 일어나기도 한다.

::

재무구조는
안정적이고 심플한가

HTS에서 보면 지난 몇 년간의 재무상황, 배당률, PER, EPS, BPS 등이 아주 보기 좋게 정리되어 있다. 이것만 보고 '안정적으로 성장하고 있군' 혹은 '별로 내용이 좋지 않군'이라고 판단하는 것은 생전 처음 보는 사람이 제안한 사업계획서의 표지만 보고 뭉칫돈을 내주는 것과 같다.

제일 중요한 것이 얼마를 팔아, 얼마의 이익을 냈느냐는 것인데 이익의 규모는 경영자가 마음먹기에 따라 상당한 폭까지 조정할 수 있다. 주당순자산도 그렇다. 기업이 어떤 자산을 가지고 있는지 알아야 정확한 평가가 가능하다. 예를 들어 땅을 갖고 있는 기업이라고 하자. 자산평가 시기에 따라 주가 아래에 있던 주당순자산이 주가를 상회할 수도 있다.

간단하게 정리된 것은 간단하게 확인한다는 기분으로 봐야 한다. 기업의 자세한 흐름은 금융감독원에서 운영하는 전자공시시스템에 있다. 거기서 해당 종목을 검색하면 지금까지 해당 기업에서 낸 공시가 모두 나와 있다. 다들 알고는 있지만 실제로 사업의 개요부터 시작해 시험 공부하듯이 꼼꼼하게 읽는 사람은 드물다. 많이, 꼼꼼하게 읽을수록 투자의 성공 확률도 높아진다.

매 분기마다 나오는 재무제표, 감사보고서 등은 손가락으로 짚어 가며, 계산기를 두드러 가며 공부하라고 권하고 싶다. 처음엔 계산기를 두드리는 일이 귀찮게 여겨질 것이다. 하지만 반복할수록 실력은 늘고 기업을 보는 안목도 깊어진다. 최소한 3~4년 치는 봐야 한다. 그래야 이 기업이 어디서 어떻게 와서 어디로 흘러가는지 알 수 있다.

재무제표에서 적정수준의 부채가 수년 동안 유지되고 있고 매출이 매년 증가하고 있다면 일단은 좋은 신호라 할 수 있다. 적정수준의 부채라는 말이 참 막연하게 느껴지실 텐데, 업종에 따라 적정수준이 달라진다고 보시면 된다. 제조업에서는 부채가 자산의 몇 배가 되면 나쁜 신호지만 금융업에서는 고객이 맡긴 자금이 부채로 잡히니까 부채 기준이 다르다. 따라서 적정수준을 알려면 동일 업종 내의 다른 기업과 비교해 봐야 한다. 주당순

자산도 마찬가지다. IT업종은 컴퓨터와 사람만 있으면 사업 환경이 갖춰지지만 넓은 땅에 고가의 설비를 갖춰야 시작할 수 있는 사업도 있다. 동종업계와 비교한 다음, 거기서 각자의 기준으로 판단해야 하는 것이다.

일반적으로 부채의 증가, 재고 자산의 증가 등이 있다면 자세히 봐야 한다. 부채의 증가가 사업 확장을 위해 꼭 필요한 설비 구축을 위한 것이라면 그것의 타당성을 따져봐야겠지만 장사를 못해서 그런 거라면 적신호다. 재고 자산의 증가도 매출의 증가가 기대될 때는 '풍부한 물량 확보'라고 부르지만 그렇지 않을 때는 흘러야 할 자금이 창고에서 잠을 자는 꼴이 된다. 여기까지가 재무의 안정성에 대한 것이다.

재무구조가 심플하지 않다는 것은 BW, CB 등 자금 조달 관계가 복잡한 것을 뜻한다. 현재 시점에서는 채권이지만 시간이 지나면 언제든지 자본으로 전환될 수 있다. 만약 자본금 50억 원 짜리 회사가 10억 원의 BW를 액면가로 발행했다고 하자. 그러면 50억 원으로 10억 원을 벌던 회사가 60억 원으로 10억 원을 버는 회사가 된다. 그러면 주당순이익이 떨어지게 되니까 주식의 가치 역시 떨어진다. BW, CB 등을 발행한 적이 있다면 얼마나 했는지 얼마나 남아있는지를 봐야 한다.

기업의 자금 조달을 나쁘게만 볼 일은 아니다. 낮은 금리로 자금을 조달해 적절한 곳에 투자를 한다면 성장 동력이 된다. 다만 이를 악용하는 사례가 많기 때문에 주의를 요하는 것이다. 특히 갖은 방법으로 자주 자금을 조달하는 기업은 조심 또 조심해야 한다. 아예 투자할 생각도 하지 말라고 말하고 싶다. 자금조달을 자주 하는 기업이 항상 망하는 것은 아니다. 하지만 망하는 기업은 거의 대부분 자금 조달이 잦다. 생사의 기로에서 수명 연장을 위해 BW, CB 등을 남발하는 것이다.

또 대주주가 자녀 등에게 자산을 증여하는 수단으로, 혹은 자신의 지분확보 수단으로 악용하는 사례도 적지 않다.

::

적정한 수준의
배당을 해 왔는가

우리나라 투자자들은 배당을 하찮게 여기는 경향이 강하다. 그깟 몇 퍼센트 되지도 않는 배당 때문에 투자 여부를 결정하지는 않는다고 한다. 단기투자문화 때문이기도 하고 기업들이 배당에 인색한 탓도 크다. 나는 모든 일에서 기본이 중요하고 거기에 답이 있다고 믿는데, 주식투자도 그렇다. 기업에 투자를 하고 그 기업이 낸 성과에 대해 배당을 받는 것이 주식의 기본 개념이다. 시세차익만 생각하다가는 투기의 세계로 빠져들기 쉽다.

배당은 기업이 투자자들과 성과를 나눌 만큼의 이익을 냈다는 뜻이니까 일단은 긍정적인 신호로 해석할 수 있다. 또 적정수준의 배당은 시장의 상황이 악화되어 주식시장 전체가 하락기를 겪을 때 든든한 버팀목이 된다. 주가가 하락할수록 배당수익률이 높아지기 때문이다.

하지만 그보다 더 큰 의미는 거기에 담겨 있는 대주주의 의중이다. 어떤 회사처럼 100억 원의 이익을 내고도 3억 원 남짓한 배당을 한다면 주주들의 권리를 무시한다고밖에 볼 수 없다. 동업자로서는 낙제점이다. 주주들을 우습게 아는 대주주가 오로지 배당만을 도구로 삼을 리 없다. 자신에게 이익이 된다면 온갖 방법을 동원해 주주들을 농락할 가능성이 높다.

::

성실 공시를
하는가

매일 장이 열리면 몇 개 종목은 상한가로 간다. 주식투자를 하는 사람이라면 이 회사에 무슨 일이 있나 싶어 내용을 확인해 보기도 할 것이다. 그중에는 도저히 이해할 수 없는 상승도 있다. 간략한 재무 상태를 봐도 지난 몇 년간 적자를 기록해 왔고 새로운 소식도 없다. 며칠 동안 연속 상한가를 기록하기도 하는데 그 뒤에서야 '주가급등 사유 없음' 같은 공시가 뜬다. 그러면 주가는 속절없이 하락한다. 작전세력이 개입한 것이다.

어떤 종목은 몇 시간 혹은 며칠 안에 급등의 사유가 밝혀지기도 한다. 합병 소식일 수도 있고 거액의 계약을 따낸 것일 수도 있다. 소문이 먼저 돌고 확정되었을 때 공시가 뜨면서 만인이 알게 된다. 계약의 종류와 금액에 따라 추가 상승하기도 하고 하락 반전하기도 한다. 수주한 계약이 올해의 실적뿐 아니라 향후에도 기업의 성장에 크게 도움이 되는 내용이라면 공시를 확인한 투자자들이 가세할 것이다.

그런데 한껏 주가가 오르고 난 뒤에 계약이 파기되었다는 공시가 뜨면 어떻게 될까?

심심치 않게 벌어지는 일이다. 특히 위에서 말한 '생사의 기로에 있는' 기업들에서는 거의 공식처럼 되어 있다. 허위 공시로 주가를 부양한 다음 이득을 챙기고 이후에 배임, 횡령 등의 수순을 밟는다. 대주주가 형사 처벌을 받아도 투자자들이 돈을 돌려받을 길은 거의 없다.

부실한 기업이 수주 계약 등 호재가 되는 공시를 자주 한다면 주의 깊게 봐야 한다. 그리고 과거에 공시 번복을 한 전례가 있는지도 확인해야 한다. 공시는 기업이 투자자에게 올리는 보고서다. 허위 보고서를 작성하는 기업과 동업을 할 수는 없다. 더불어 올빼미 공시를 하는 기업도 동업자로서는 불합격이다.

::

업종 내에서
경쟁력이 있는가

경쟁력은 시장점유율을 보면 상당부분 드러난다. 시장점유율 1위 기업이 비교 우위에 있다고 보는 것이 타당하다. 일반적으로 1위 기업이 기술력도 좋고 자본력도 탄탄하다. 위기가 닥쳤을 때 버틸 수 있는 힘도 있고 투자 여력이 있어 향후 경쟁력 유지에도 유리하다. 경쟁력 있는 1등 기업에 투자하라는 것도 이런 이유 때문이다.

그렇다고 그것만이 전부는 아니다. 무엇을 주된 무기로 해서 시장을 점유하고 있는지 알아야 한다. 기술력으로 승부하는 기업도 있고 영업력을 내세우는 기업도 있다. 점유율은 1위지만 수익률은 떨어지는 기업도 있다. 점점 점유율이 떨어지는 기업도 있다.

현재 1위를 하고 있는 기업이 이를 유지하기 위해 어떤 노력을 하고 있는지도 조사 대상이다. 기술개발, 영업망 확충, 직원 교육 등 2위를 따돌리기 위한 노력을 하지 않고 정체되어 있다면 추월 당하는 건 시간문제다.

나는 특정 기업에 관심이 가서 공부를 시작하든 업종의 전망 보고서를 조사하든, 눈여겨 본 기업과 함께 경쟁 업체에 대한 공부도 같이 한다. 때로는 두 개 회사의 주식 모두를 일정 부분 사서 양사 모두를 방문해 경쟁 업체에 대해 질문을 한다. 여기서 '싸우기 까다롭고 버거운 상대'라는 식의 평가가 나온다면 아주 긍정적인 신호다.

경영자는 누구인가

기업의 방향을 결정한다는 의미에서 다른 어떤 요소보다 중요하다. 죽어가는 기업을 살리기도 하고 잘나가던 기업을 망하게도 하는 사람이 경영자다.

경영자는 기본적으로 경영능력이 있어야 하지만 일에 대한 사명감과 열정, 절박함, 신념 등도 빼놓을 수 없다. 자기 사업에 대한 긍지가 없으면 직원들을 독려하지도 못하고 관계사와 고객도 감동시키지 못한다. 스스로 '내가 지금 이 일을 왜 하는 거지'라며 회의감을 갖는 경영자와는 동업할 수 없다. 확인 차원에서 덧붙이자면 횡령, 배임 등 정직하지 못한 행태를 했던 전력은 완벽한 결격 사유다.

경영자가 오너인지 전문경영인인지에 따라서도 기업의 방향은 달라진다. 중소기업의 오너가 직접 경영을 하고 경영권이 안정되어 있는 기업이 자금 조달의 필요성도 없는 경우 주가는 좀체 움직이지 않고 거래도 별로 없다. 이익을 많이 낼 이유도 없다. 그러면서 가족과 측근들끼리만 풍족한 생활을 누리는 기업도 많다. 가치투자가들이 이런 기업에 걸리면 고생을 많이 한다. 기업의 내용은 좋은데 오너는 주가에 관심이 없으니 주가가 정체되어 있는 것이다.

전문경영인은 한 해, 한 해 살아남아야 한다. 기업의 가치를 얼마나 키워 놓았으냐를 평가받는 데 주가가 그 기준이다. 그래서 전문경영인은 매년 성과를 내야 한다는 데 집착하기 쉽다. 단기적 성과에 치중하는 것이다. 기업의 장기적인 미래를 보면 특별히 좋다고 할 수 없다. 반면 오너는 자기 회사니까 장기적 관점에서 투자를 하는 장점이 있다.

두 경우 모두 현재까지의 전력을 뒤져보아야 한다. 오너 경영자의 장점을 살리고 있는지, 대주주라는 지위를 이용해 부당한 권력을 행사하지는 않았는지를 봐야 한다. 2세 경영자로 넘어가는 중이라면 그의 이력도 빼놓을 수 없다. 전문경영인도 그만의 장점을 살리고 단점을 극복했는지 봐야 한다. 새로운 전문경영자가 임명되었다면 그가 경영자로 있었던 기업이 그의 재임 기간 동안 어떤 변화를 겪었는지도 빼놓을 수 없다.

경영자의 과거에서 결격 사유가 발견되지 않았다면 우선은 긍정적이다. 그러나 결격 사유 없음이 기업 경영을 잘 할 거라는 담보는 되지 않는다. 결국 현재 어떤 생각을 가지고 있고 미래에 기업을 어떤 방향으로 끌고 나갈 것인지가 투자자로서는 가장 궁금하고 불안한 지점이다. 예나 지금이나 한 길밖에 안 되는 사람 속은 알기가 어렵다. 독대를 해서 긴 대화를 나누는 것이 가장 좋은 방법이겠지만 현실적으로 힘들고 바람직하지도 않다. 경영자는 늘 바쁜 사람이다. 그런 사람이 주주들이 요구하는 족족 시간을 낸다면 경영이라는 자기 본업에 충실할 수 없다.

일단 손쉬운 방법은 언론에서 인터뷰 기사를 찾아보는 것이다. 거기서 기업경영에 대한 경영자의 생각을 엿볼 수 있다. 신뢰, 단호함, 시스템, 문화 등 자주 사용하는 단어를 통해 그가 무엇을 중요하게 생각하는지 짐작해 볼 수 있다. 특별한 주제도 없는 인터뷰 기사가 잦다면 부정적인 신호가 되겠다.

또한 주총, 기업설명회 등 경영자가 공식적으로 참여하는 자리에도 최대한 가 보라고 말하고 싶다. 직장을 다니면서 참석하기가 쉽지는 않다. 그래도 최대한 시간을 내서 가 보면 그만큼 성공확률이 높아진다. 이로 인해 강한 신뢰가 생긴다면 주가가 흔들려도, 경기가 흔들려도 마음 편하게 동행을 할 수 있다. 운이 좋다면 경영자가 무심코 하는 행동에서 그의 인간적인 성향을 파악하게 될 수도 있다. 실수를 한 직원을 대하는 태도, 행사 진행에서 예기치 않은 사태가 발생할 때 대처하는 자세 등은 데이터로는 알 수 없는 귀중한 정보들이다.

사실 투자자가 친하게 지내야 할 사람은 주식담당자다. 경영자는 경영이 자신의 업무이니 거기에 충실해야 한다. 주식담당자는 주주들의 요구에 응하는 것이 주된 임무다. 짐작컨대, 주식담당자들은 스트레스를 많이 받을 것 같다. 주가가 상승할 때는 자기가 투자를 잘해서 그런 거지만, 하락하면 기업 구성원들을 나쁜 놈으로 몰고 간다. 그래서 기분 좋은, 칭찬하는 전화는 받을 일이 거의 없고 주가가 하락할 때 화풀이 대상이 되는 일이 많지 않을까 싶다.

투자를 유지하고 있는 한 동행하기로 결정을 한 것이니 사람 대 사람으로 주식담당자를 대하는 것이 좋다. 직책으로만 사람을 대하면 그도 희로애락을 느끼는 사람임을 잊게 된다. 기업 전체로 보면 일개 직원에 불과한 그에게 책임을 묻는 것도 상식적인 일은 아니다. 공격적으로 따지는 사람에겐 누구든 방어적인 자세를 취한다. 진정성과 진심을 가지고 대해야 한다. 밥도 같이 먹고 고충도 들어주고 투자자로서 제안할 것이 있으면 제안도 하면서, 마치 사적인 인간관계를 만들 듯이 친해져 가는 것이다. 그래야 그쪽도 마음을 열고 '참 좋은 주주다'라고 할 것이다.

주식담당자를 통해 뭔가 고급 정보를 알고자 함이 아니다. 그를 통해 기업의 문화가 어떤지, 새로운 경영자가 왔다면 어떻게 변해 가는지 알 수 있다. 그리고 주식담당자가 여러분에게 진심으로 감동한다면 경영자와 독대할 수 있는 기회가 마련될 가능성도 없지 않다. 이 모든 것이 단기투자자에게는 불가능한 이야기다. 한두 번 만난다고, 그것도 사무적인 관계에서 시작하는데 인간적인 교감이 생길 수 있겠는가.

::

그럼에도 불구하고
저평가되어 있는가

독자께서는 지금쯤, 도대체 위의 조건들을 다 만족시키는 기업이 지구에 있기는 하겠느냐고 의아해하고 계실 것이다. 그 와중에 저평가까지 되어 있어야 한다면 평생에 한 번 투자하기도 어려울 것 같은 생각도 들 것이다.

물론 만만치 않은 조건이다. 나 역시 일부 항목이 부족하더라도, 치명적이지 않은 수준이고 다른 항목에서 부족한 부분을 만회할 수 있겠다는 판단이 들면 투자를 한다. 공부를 하시다 보면 '아, 이 정도의 부족함은 예의 주시하면서 동행할 수 있겠다'는 판단이 드실 거라고 생각한다.

이제 어떤 방법으로 저평가되어 있는 기업을 찾아야 하는지를 살펴보자.

PER을 기준으로 경쟁업체들과 비교했을 때 턱없이 낮은 기업이 있다. 대부분 이런 기업은 투자자들에게 소외되어 있어서 거래량도 적다. 수준 낮고 성급한 투자자는 '이 정도면 반값이다'라며 매수를 한다. 그보다 조금 높은 수준이라면 왜 이렇게 낮은지그 이유를 찾아볼 것이다. 과거에 주가에 영향을 미친 어떤 사건이 있었다면, '역시 다 이유가 있어'라며 등을 돌린다. 여러분들은 이보다는 높은 수준에서 기업을 보셔야 한다.

소외되어 있는 이유를 발견했다면 그것이 합당한지를 파헤쳐봐야 한다. 치명적인 이유라면 당연히 소외되어 있게 내버려둬야 하지만 아닌 경우도 있다. 또 지금은 여전히 그 여파가 남아 있지만 현재 추세로 봤을 때 2~3년 후에는 해소되는 이유일 수도 있다. 이 사실을 발견한 사람이 많지 않다면 큰 기회를 잡은 것이다.

업종 자체가 소외되어 있는 때도 있다. 소외 업종이 제조업일 때는 주가가 주당순자산에도 미치지 못하는 경우도 많다. 아무리 자료를 찾아보고 생각해 봐도 이 업종이 살아날 가능성이 없다면 등을 돌리는 것이 맞다. 그런데 지금은 소외되어 있지만 세상의 변화에 따라 점점 주목을 받을 기업이라면 이야기가 달라진다. 여러분과 나는 단기투자자가 아니다. 소외되어 있던 업종이 몇 개월 후에 당장 주목받는 업종이 되지 않는다. 그러나 몇 년

후라면 얼마든지 가능성이 있다. 이건 업종만 봐서는 답이 나오지 않는다. 세상의 변화를 읽어야 업종의 미래가 보인다.

저평가되어 있는 기업을 찾아내는 건 굉장히 중요한 일이다. 그저 싸게 산다는 의미가 아니다. 충분히 저평가되어 있으므로 외부의 위협이 있어도 낙폭이 적다. 또 주당순자산 역시 높으므로 만에 하나 망하더라도 투자금을 회수할 수 있다. 배당을 한다면 배당수익률도 높을 것이다. 반대로 이미 사람들의 주목을 받은 기업이나 업종의 주식은 고평가되어 있다고 봐야 한다. 악재가 있으면 낙폭이 크다.

나는 초기투자금과 비교할 수 없을 정도의 수익을 거두었다. 돌이켜 보면 주식투자로 인한 자산의 증식은 우상향 화살표가 아니라 계단식이었다. 저평가되어 있는 기업에 투자해서 그 이유가 해소될 때까지 인내하고 소통하고 동행하면서 기다리면 언젠가 사람들의 관심을 받을 때가 온다. 기회는 남들이 보지 못하는 것을 보고 남들이 하지 못하는 것을 할 때 가질 수 있다. 소외 업종, 소외 기업에서 미래의 기회를 발견하고 남들이 기다리지 못할 때 기다리는 사람이 주식시장에서 기회를 가질 수 있다.

8개의 질문에 답하기 위해 해야 할 일들을 간략하게 정리하면 다음과 같다.

몇 년간의 공시 모두 읽기, 애널리스트의 보고서 읽기, 해당 업종과 해당 기업에 대한 뉴스 찾아보기, 주총과 기업설명회 참석, 주식담당자와의 인간적 소통 등이다. 덧붙이자면 포털사이트를 비롯해 증권관련 사이트에 가면 해당종목에 대한 게시판이 있는데 참고자료가 된다. '주가관리 좀 하라'는 요구부터 '곧 대형호재가 발생한다'는 루머, 그럴 듯한 분석, 차트를 근거로 한 폭등 예상 등 온갖 의견들이 올라와 있다. 여기 있는 투자자들의 말을 곧이곧대로 믿어서는 안 되지만 조사의 단서로는 삼을 수는 있다.

차트의 흐름을 보면서 대외변수에 민감하게 반응하는지, 과거에 폭등이나 폭락한 적이 있는지, 있다면 무슨 일이 있었는지 그 시기의 공시나 뉴스를 찾아 확인하는 것도 좋다.

독자께서는 '이 정도로 공부한다면 내가 회사를 경영해도 되겠다'라고 하실 수 있다. 정답이다. 우리는 동업자를 구하는 것이므로 그 정도 수준까지 식견과 혜안을 가질 수 있으면 가장 좋다. 그게 안 되면 경영자를 만났을 때 기업 경영을 놓고 '프리 토킹'이 가능한 수준은 되어야 한다.

나는 이렇게까지 공부해서 주식투자를 하고 싶지 않다고 하실 독자도 계실 것이다. 그런 분들을 위해 간접투자 상품이 개발되어 있다. 선진국은 간접투자시장이 훨씬 더 크다. 전문가들에게 맡기려면 전제 조건이 있다. 기대수익률을 낮춰야 한다. 자본주의에서 시간은 돈이다. 공부하는 시간을 벌었으므로 수익이 줄어드는 것은 당연하다.

펀드에 가입할 때는 정직한 전문가에게 맡겨야 한다. 파생상품을 기본으로 하는 펀드를 권하면서 '큰 이변만 없으면 원금은 안전하고 매년 30퍼센트의 수익률을 보장됩니다' 따위의 말을 한다면 당장 돌아서서 나오시라. 그런 상품이 있으면 나도 내 전 재산을 맡기겠다. 아니, 연간 10퍼센트의 수익만 보장해 줘도 된다. 원금 손실이 있을 수 있음을 명확하게 설명하고 장기투자를 권하는 전문가에게 맡기는 것이 오히려 안전하다.

8가지의 질문에 답하기 위해 해야 할 조사와 공부는 부담스럽다 못해 불가능하게 느껴질 수도 있다. 녹록치 않은 것은 사실이나 지레 겁먹을 것까지는 없다. 내용이 방대하긴 하지만 일주일이나 한 달 안에 공부해야 하는 건 아니다. 천천히 알아간다는 생각으로 꾸준히 공부해 나가면 된다. 내가 늘 이야기하듯이 지켜보는 시간이 3~4년이다. 서두를 일이 아니라는 것이다. 그리고 처음 공부할 때는 익숙지 않은 용어들 때문에 진도가 느리겠지만 공부해 나가면 속도가 빨라진다.

이렇게 빨리 돌아가는 세상에서 그렇게 느려 터진 방법으로 투자하다가는 기회를 다 놓칠 거라고 생각하실 수도 있다. 사실이 아니다. 나는 '농심(農心)투자철학'이라 명명한 이와 같은 방법으로 2001년 이후 2010년까지 연평균 50퍼센트의 수익률을 올리고 있다.

수익은 노동의 대가와 시간의 기회비용이 어우러져 나오는 것이다. 많은 투자자들이 공부하는 노고를 생략하고 손쉽게 돈을 벌려고 한다. 공부를 하지 않았으니 확신이 없다. 그러니 정보에 흔들려 뇌동매매를 하고 단타에 치중한다. 실패하는 전형적인 패턴을 밟으면서 나만은 성공할 거라는 막연한 기대를 가진다. 수천 기의 무덤이 있는 공동묘지를 지나면서 나만은 죽지 않을 거라고 생각하는 어리석음이다.

또 하나 여러분이 극복해야 할 생각은 '그렇게 투자해서 어느 세월에 돈을 벌겠느냐'는 것이다. 장기투자를 하든, 단기투자를 하든, 차트를 보고 투자를 하든, 기업의 내용을 보고 투자를 하든 모두 여러분의 선택이다. 그리고 결과에 대한 책임도 여러분의 것이다.

도저히 장기투자는 못하겠다고 하시는 분들은 주식투자를 하지 않으시는 편이 좋다. 그래도 투자는 해야겠고 공부를 많이 해야 하는 장기투자는 못하겠다는 분은 단기투자를 해 보시라. 단, 투자원금은 100만 원 아래로 하고 더 이상은 넣지 마시라. 단기투자는 금방금방 자산이 불어나므로 굳이 많은 액수일 필요가 없다. 어느 광고를 봤더니 300만 원으로 수백억 원을 벌었다는 사람도 있었다. (그가 왜 광고를 하는지는 미스터리다.) 약 1년 전후에는 진심으로 이 책을 읽을 준비가 되어 있을 것이다.

내가 주식농부가 된 사연

'나의 살던 고향은 꽃피는 산골 복숭아꽃 살구꽃 아기 진달래.'

내가 태어나고 자란 덕유산 자락의 모습이 꼭 이랬다. 사방은 산으로 둘러싸여 있었고 논보다는 밭이 많았다.

나는 2남 2녀 중 장남으로 태어났다. 일곱 살 때 아버지를 여윈 후부터 나는 늘 장남이라는 책임감을 어깨에 메고 살았다. 버릇처럼 내가 해야 할 일이 없는지 찾아야 했고 매사 신중해야 했다. 그러나 내가 처한 상황을 받아들였기에 뭐든 신나게 할 수 있었다.

중학교를 졸업한 후 나팔바지를 입고 상경한 내가 주식시장에 입문하게 된 것은 순전히 우연이었다. 원래 내 꿈은 커다란 공장의 공장장이었다. 그 꿈을 놓지 않았던 대학시절, 지도교수의 권유로 한국증권분석사 시험을 봤는데 덜컥 합격이 되었다. 이후 연구소와 자문사에서 증권연구원과 매니저로 활동했고, 증권사 지점장과 영업부장을 거쳤다. 그리고 2000년에 독립, 오늘에 이르렀다.

'주식투자=투기'라고 생각하는 사람들이 많은데, 사실은 나도 그랬다. 투기꾼처럼 주식을 사고팔고 했었다. 내가 '실패로 가는 급행열차'에 탄 줄도 모르고 의기양양했었다. 그러다가 1997년 외환위기를 겪으면서 주식투자는 결코 투기가 아니라는 것을 알게 되었다. 뒤돌아보면 초보이긴 하지만 주식농사꾼으로서의 첫발을 내디딘 시기였다. 이후 정석투자와 가치투자를 통해 나름대로 커다란 수익을 얻었고 주식시장에서 다소 이름을 알리게 되었다.

'주식투자는 무엇이고 어떻게 해야 성공할 수 있을까.'

많은 사람들은 그 해답을 찾고자 노력한다. 그러나 쉽지 않다. 전 세계 증권시장은 실타래처럼 얽혀 있고 다양한 이해관계자와 언론매체에서 흘러나오는 정보는 투자자들을 혼란스럽게 한다. 주식투자를 업으로 삼고 있는 나에게도 생소한 투자상품들이 투자자들의 노고를 덜어주겠다며 쏟아져 나오고 있지만 이를 통해 수익을 얻기도 만만치 않다. 마법처럼 수익을 내준다는 투자기법들이 혜성처럼 등장하지만 그 수명 역시 혜성처럼 짧다. 혼란스러울수록, 마음을 혹하게 하는 정보와 기법들이 많을수록 기본으로 돌아가야 한다.

내가 생각하는 주식투자의 기본은 '내가 사업을 한다는 마음으로 기업을 사는 것'이다. 주주로서 대리경영을 통해 그 사업을 하겠다는 마음과 자세가 필요하다. 나는 이것을 '농심農心투자'라고 부른다.

근면, 성실, 정성, 감사. 이런 마음이 없으면 농사가 제대로 되지 않는다. 주식투자도 마찬가지다. 투자할 기업을 정성을 다해 고르고, 성실한 마음으로 살펴보고(분석하고), 기업과 늘 소통하면서 충분한 시간을 두고 지켜보며, 사업이나 경영에 도움이 되는 좋은 아이디어가 있으면 알려주면서 동행하는 것. 그리고 때가 되었을 때 갈무리하고 그 수확에 대해 감사하는 마음을 가지는 것이 농심투자의 핵심이고 내가 주식농부가 된 사연이다.

주식투자는 기본적으로 가치분석을 통한 장기투자다. 세상에는 기적과도 같은 일이 일어나기도 하고 상식으로는 도저히 이해할 수 없는 일도 일어난다. 그러나 큰 흐름은 늘 상식의 원리로 움직인다. 주식시장도 상식의 큰 흐름에서 벗어나지 않는다. 따라서 주식투자 역시 '상식의 투자'가 되어야 한다. 모가 하루아침에 벼가 되지 않듯이, 어떤 종목이 하루아침에 대박을 안겨주지 않는 것이 상식이다. 좋은 볍씨를 골라 정성을 다해 키우고, 수확하고, 결실에 감사하는 마음을 가지는 것이 농부의 상식이다.

　나는 많은 사람들이 비상식의 세계에서 상식의 세계로 넘어오기를 바란다. 실패로 가는 급행열차에서 내려 황소를 끌고 가는 농부처럼 뚜벅뚜벅 걸어가기를 바란다. 그리고 모두가 각자 걸어간 만큼의 수익을 내고 감사하는 마음을 가졌으면 좋겠다.

주식투자자의 시선

2016년 3월 14일 초판 1쇄 발행
2020년 4월 10일 초판 5쇄 발행
-
지은이 | 박영옥
펴낸이 | 김남길
-
펴낸곳 | 프레너미
등록번호 | 제386-251002015000054호
등록일자 | 2015년 6월 22일
주소 | 부천시 소향로 181 (중동) 101동 704호
전화 | 070-8817-5359
팩스 | 02-6919-1444
-

프레너미는 친구를 뜻하는 "프렌드(friend)"와 적(敵)을 의미하는 "에너미(enemy)"를 결합해 만든 말입니다. 급변하는 세상에서 저자, 출판사 그리고 콘텐츠를 만들고 소비하는 모든 주체가 서로 협업하고 공유하고 경쟁해야 한다는 뜻을 가지고 있습니다.
프레너미는 독자를 위한 책, 독자가 원하는 책, 독자가 읽으면 유익한 책을 만듭니다.
프레너미는 독자 여러분의 책에 관한 제안, 의견, 원고를 소중히 생각합니다. 다양한 제안이나 원고를 책으로 엮기 원하시는 분은 frenemy01@naver.com으로 메일을 보내주세요. 여러분의 원고가 책으로 엮이고 독자에게 알려져 빛날 수 있게 되기를 희망합니다.